现代物流与供应链管理
智慧化发展研究

汪　璟◎著

中国商务出版社
·北京·

图书在版编目（CIP）数据

现代物流与供应链管理智慧化发展研究 / 汪璟著.
北京：中国商务出版社，2024. 9. -- ISBN 978-7-5103-
5452-6

Ⅰ. F252.1

中国国家版本馆CIP数据核字第2024GP0430号

现代物流与供应链管理智慧化发展研究
XIANDAI WULIU YU GONGYINGLIAN GUANLI ZHIHUIHUA FAZHAN YANJIU

汪 璟 著

出版发行：中国商务出版社有限公司

地　　址：北京市东城区安定门外大街东后巷28号　　邮　　编：100710

网　　址：http://www.cctpress.com

联系电话：010—64515150（发行部）　010—64212247（总编室）
　　　　　010—64515164（事业部）　010—64248236（印制部）

责任编辑：杨　晨

排　　版：北京盛世达儒文化传媒有限公司

印　　刷：宝蕾元仁浩（天津）印刷有限公司

开　　本：710毫米×1000毫米　1/16

印　　张：12.5　　　　　　　　　字　　数：220千字

版　　次：2024年9月第1版　　　　印　　次：2024年9月第1次印刷

书　　号：ISBN 978-7-5103-5452-6

定　　价：79.00元

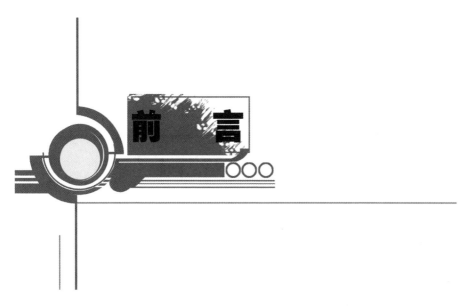

前言

随着全球经济的融合与竞争的加剧，企业面临着前所未有的挑战和机遇。在这个背景下，现代物流与供应链管理的智慧化发展显得尤为重要。它不再仅仅是货物的运输和存储，而是涉及从原材料采购到产品交付给最终消费者的整个流程的优化与整合。

现代物流与供应链管理的智慧化发展能够极大地提高物流与供应链的效率和准确性。通过运用大数据分析、人工智能算法和物联网技术，企业可以实时监控货物的流动、预测需求的变化，并据此优化库存管理和配送路线。另外，消费者对于商品的交付速度和质量要求越来越高。在电子商务蓬勃发展的今天，快速、准确的物流服务成为企业吸引和留住客户的重要因素。

此外，从宏观经济的角度来看，高效的物流与供应链体系有助于降低社会总成本，促进资源的优化配置。在全球产业链分工日益精细的情况下，一个国家或地区的物流与供应链的智慧化水平，直接影响其在国际经济中的竞争力。同时，现代物流与供应链管理的智慧化发展也为物流与供应链管理带来了全新的商业模式和合作机会。由此可见，关注并研究现代物流与供应链管理的智慧化发展，对于推动我国的经济繁荣和社会进步具有重大意义。

在编写本书过程中，作者搜集、查阅和整理了大量文献资料，在此对学界前辈、同人和所有为此书编写工作提供帮助的人员致以衷心的感谢。由于篇幅有限，本书的研究可能存在不足之处，恳请各位专家、学者及广大读者提出宝贵意见和建议。

作　者

2024.5

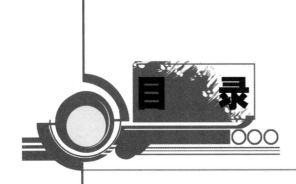

第一章
现代物流的基本认知

第一节 物流的基本内容概述

一、物流的基本概念与演变

（一）物流的定义

随着时间的推移，物流的概念也发生了变化，有了广义（Logistics）与狭义（Physical Distribution）的区分。最初的物流侧重于商品物质移动的各项机能，即发生在商品流通领域的在一定劳动组织条件下凭借载体从供应方向需求方的商品实体定向移动，是在流通的两个阶段（G–W、W–G，即货币—商品、商品—货币）发生的商品实体的实际流动。显然这种物流是一种商业物流或销售物流，它作为一种狭义的物流具有明显的"中介性"，是连接生产与消费的手段，直接受商品交换活动的影响和制约，只有在商品交换时才会出现，不会永恒存在，具有一定的时间性。

进入20世纪80年代，随着社会经济的高速发展，物流所面临的经济环境有了很大变化，狭义的物流概念受到了挑战和批判，一是传统的狭义物流观念只重视商品的供应过程，而忽视了与生产有关的原材料和部件的调达物流，而后者在增强企业竞争力方面具有重要作用，因为原材料以及零部件的调达直接关系到生产的效率、成本和创新，例如，日本丰田公司的生产管理就是从原材料和零部件的生产、调达入手；二是传统的物流是一种单向的物质流通过程，即商品从生产者手中转移到消费者手中，而没有考虑商品消费之后包装物或包装材料等废弃物品的回收以及退货所产生的物流；三是传统物流只是生产销售活动的附属行为，并且主要是物质商品的传递，忽视了物流对生产和销售在战略上的能动作用，特别是源自日本的Just-in-time（JIT）生产管理体系在世界范围内推广后，以时间为中心的竞争日益重要，甚至物流行为直接决定了生产决策。

与上述环境的变化和对传统物流的批判相对应，1984年美国物流管理协会正式将物流这一概念从Physical Distribution改为Logistics，并将现代物流定义为"为了符合顾客的需求，将原材料、半成品、产成品以及相关的信息从发生地向消费地流动的过程，以及为使保管能有效、低成本地进行而从事的计划、实施和控制行为"。这个定义强调了顾客满意度、物流活动的效率性，并将物流从原来的销售物流扩展到了调达、企业内物流等更广领域。

随着物流科学的迅速发展，世界上许多专业研究机构、管理机构以及物流研究专家对物流概念给出了不同的解释。

德国物流协会认为，物流是"有计划地将原材料、半成品和产成品由生产地送至消费地的所有流通活动，其内容包括为用户服务、需求预测、情报信息联系、物料搬运、订单处理、选址、采购、包装、运输、装卸、废料处理及仓库管理等"。

日本通产省运输综合研究所对物流的定义十分简单，认为物流是"商品从卖方到买方的全部转移过程"。

1999年，联合国物流委员会对物流作了新的界定：物流是为了满足消费者需要而进行的从起点到终点的原材料、中间过程库存、最终产品和相关信息有效流动和存储计划、实现和控制管理的过程。这个定义强调了从起点到终点的过程，提高了物流的标准和要求，确定了未来物流的发展方向，较传统的物流概念更为明确。

美国物流管理权威机构——美国物流管理协会2001年对物流（Logistics）的最新定义原文如下："Logistics is that part of the supply chain process that plans, implements, and controls the efficient, effective forward and reverse flow and storage of goods, services, and related information between the point of origin and the point of consumption in order to meet customers' requirements." 即物流是供应链过程的一部分，它是对商品、服务及相关信息在起源地到消费地之间有效率和有效益地正向和反向移动与存储进行的计划、执行与控制，其目的是满足客户要求。

《中华人民共和国国家标准·物流术语》（GB/T 18354—2021）中对物流的

定义是：物品从供应地到接收地的实体流动过程。根据实际需要，将运输、储存、装卸、搬运、包装、流通加工、配送、信息处理等基本功能实施有机结合。

还有一些专家提出了物流的"7R"定义，认为物流就是"以恰当数量（Right Quantity）和恰当质量（Right Quality）的恰当产品（Right Product），在恰当的时间（Right Time）和恰当的地点（Right Place），以恰当的成本（Right Cost）提供给恰当的消费者（Right Customer）"的过程。在该定义中，用了7个恰当（Right），故称作"7R"，该定义揭示了物流的本质，有助于我们对物流概念的理解。

（二）物流概念的演变

物流概念的发展经历了漫长而曲折的过程，回顾物流的发展历程并理解历史上经典的物流概念，不仅有利于人们了解物流的发展规律，更有利于全面深入地理解物流的内涵。

以詹姆士·约翰逊（James C. Johnson）和唐纳德·伍德（Donald F. Wood）为代表的学者认为"'物流'一词首先用于军事"，1905年美国少校琼斯·贝克（Chauncey B. Baker）认为"那个与军备的移动和供应相关的战争艺术的分支就叫物流（Logistics，国内也翻译为'后勤'）"。

英国克兰菲尔德物流与运输中心（Cranfield Center for Logistics and Transportation，CCLT）主任、资深物流与市场营销专家马丁·克里斯多夫（Martin Christopher）教授认为，阿奇·萧（Arch W. Shaw）是最早提出物流（Physical Distribution）概念并进行实际探讨的学者。阿奇·萧在1915年哈佛大学出版社出版的《市场流通中的若干问题》一书中指出："创造需求与实物供给的各种活动之间的关系说明存在平衡性和依赖性两个原则。""物流是与创造需求不同的一个问题……流通活动中的重大失误都是创造需求与物流之间缺乏协调造成的。"

1916年，韦尔德（L. D. H. Weld）在《农产品的市场营销》中指出，市场营销的效用包括时间效用、场所效用、所有权效用和营销渠道的概念，从而肯定了物流在创造产品的市场价值中的时间价值及场所价值的重要作用。

1922年，克拉克（F. E. Clark）在《市场营销原理》中将市场营销定义为：影响商品所有权转移的活动和包括物流的活动。

1935年，美国销售协会对物流进行了定义："物流是包含于销售之中的物质资料和服务，是从生产地点到消费地点的流动过程中的种种经济活动。"

美国《韦氏大词典》在1963年把后勤定义为"军事装备物资、设施与人员的获取、供给和运输"。

1970年，美国空军在一份技术报告中对后勤学的定义是：后勤学即"计划和从事部队的输送、补给和维修的科学"。日本将引进的后勤学译为"兵站学"，并将其表述为"除了军需资料的订购、生产计划、采买、库存管理、配给、输送、通用，还包括规格化、品质管理等军事作战行动所必需的资材管理"。

美国学者鲍尔索克斯（Donald J. Bowersox）在1974年出版的《后勤管理》一书中，将后勤管理定义为"以卖主为起点将原材料、零部件与制成品在各个企业间有策略地加以流转，最后达到用户其间所需要的一切活动的管理过程"。这时后勤一词已经不仅仅是军事上的含义了。

1981年在美国出版的《后勤工程与管理》是用于大学生和研究生课堂教学的教科书，书中引用了美国工程师学会（The Society of Logistics Engineers，SOLE）对后勤学的定义，即"对于保障的目标、计划及其设计和实施的各项要求，以及资源的供应和保持等有关的管理、工程与技术业务的艺术与科学"。

二、物流的发展过程

物流的发展也反映了经济社会的发展，是人们在不同时期对物流认识过程的反映。物流的发展历程，大体上经历了三个阶段，即实物分销阶段、物流开发阶段和物流现代化阶段。

（一）实物分销阶段

实物分销阶段是指20世纪50年代前后的一段时间。在这一时期，美国将物流称为"实物分销（Physical Distribution）"，其物流运作内容也停留在这一层面上。

当时，社会的专业化分工程度不高，生产与流通被界定为两个不太相关的领域，生产企业的精力主要集中在产品的开发与生产上，管理的重点是如何开发新的产品、如何保证产品质量等，对物流在产品成本方面的作用缺乏充分认识，重生产轻流通。随着社会经济的不断发展，生产和生活消费对物质产品需求数量不断增加，生产过程与流通之间有机协调不足，迫使人们逐渐重视物流的研究和物流管理工作。例如，日本在第二次世界大战后的国民经济恢复初期，物流尚未被人们认识，运输、储存、包装等物流环节在流通过程中基本是分散管理，而生产过程中的物流活动更未引起重视。随着战时经济向和平经济转变，物流管理和货物运输严重落后的问题日益显现，各企业、商社之间无法协调配合，供销、运输、储存等方面出现了许多矛盾，造成物质产品积压和市场短缺的同时，还存在损坏率高、运输流向不合理等问题。这些问题成为影响当时日本经济发展的一个重要原因，为此，日本组织考察团去美国进行实地考察，引进物流管理技术，并将"实物分销"更名为"物流"。

（二）物流开发阶段

进入物流开发阶段的标志是经济学界和实业界对物流的重要性有了较为深刻的认识，并推动了整个经济社会的物流开发，这一阶段发生在20世纪60年代至70年代。随着生产社会化的迅速发展，单纯依靠技术革新、扩大生产规模、提高生产率来获得利润的难度越来越大，这促使人们开始寻求新的途径，如改进和加强流通管理。因此，加强物流管理就成为现代企业获得利润的新的方式之一。

美国经济学家和商业咨询家彼得·德鲁克（Peter F. Drucker），把流通领域的潜力比喻为"一块经济界的黑大陆""一块未被开垦的处女地"。

在20世纪70年代中期出现的经济衰退，迫使企业更加重视降低成本，以提高商品的竞争力，但其着眼点从生产领域转向了流通领域，通过流通开发和改进对顾客的服务以及降低运输费用、储存费用来增加利润。

日本早稻田大学商学部教授西泽修在《主要社会的物流战》中指出："从1970年开始，物流革命以惊人的势头不断进行，有突然进入物流时代的感觉。"在产业界，大型公司和企业设立了物流部、物流管理部、物流对策室等机构。物流之所以能如此急速发展，主要是人们认识到它是降低产品成本、提高经济效益的可行手段，这一时期改进物流的工作主要是在各企业内部进行。尽管在包装、装卸、保管、运输、情报信息方面实现了局部的合理化，但由于缺乏从整体上研究开发物流系统，各行业、企业、部门之间缺乏紧密配合，所以从整个社会来看，物流费用并没有明显下降，经济效益不高。

（三）物流现代化阶段

这一阶段的特点是把物流的各个环节作为一个系统进行研究，从整体上进行开发。在美国，加强物流系统的管理被视为美国"再工业化"的重要因素。

日本设立了专门机构来统筹全国的物流活动，使物流开始系统化、综合化、协调化，物流现代化水平明显提高，在运输设施方面，政府拨出巨款扩建港口、整修道路、建设高速公路和集装箱专用码头等；在装卸工具方面，托盘、叉车、传送带、自动分拣机、自动输送机等现代化装卸搬运机械被普遍运用；在包装方面，积极推行规范化、标准化；在仓库方面，建立了一大批自动化立体仓库、恒温仓库、配送中心、流通加工基地、卡车终端集散点等现代化物流基础设施；无人驾驶车辆和配送过程中的高新技术相继应用；商品销售的网络化、系统化逐步实现，批发、代理、专营、百货商店、超级市场相继建立。借助现代化设施、计算机技术的发展，在大力发展运输设施的基础上谋求系统化，组织铁路—水路、公路—铁路、公路—水路、公路—空运等联运活动；改变仓库单纯的储存保管功能，使其变为集储存保管、配送、流通加工于一体的物流中心；在物流技术上，注意改进硬件（物流设施）的同时，十分重视软件的改进和提高，加强现代情报信息技术和电脑技术的应用，使物流向系统化、整体优化方向发展。

三、物流基本功能要素

物流的基本功能要素涵盖了从产品生产到最终送达客户手中的各个环节，每一个环节都有其特定的功能和作用。物流功能要素的高效运作不仅能够提高物流的整体效率，还能提升客户满意度。下面将详细分析和论述物流的基本功能要素，包括运输活动、储存活动、包装活动、装卸搬运活动、流通加工活动、配送活动和物流信息活动。

（一）运输活动

运输是物流的核心活动之一，负责将货物从一个地点移动到另一个地点。运输活动涉及多种运输方式，包括陆运、海运、空运和多式联运，每种方式各有其优势和适用场景。

①陆运。陆运主要包括公路运输和铁路运输。公路运输具有灵活性强、覆盖面广的优点，适合短途运输和小批量货物的配送。公路运输的缺点是运输成本相对较高，受交通状况影响较大。铁路运输则适合长途大宗货物运输，具有运输成本低、运量大的优势，但灵活性不如公路运输。

②海运。海运是国际贸易中最常用的运输方式，适合大宗货物和长途运输。海运具有运输成本低、运量大的优点，但运输时间较长，适合对时间要求不高的货物运输。海运还需考虑港口设施、航线选择和国际航运法规等因素。

③空运。空运是速度最快的运输方式，适合高价值、时效性强的货物运输。空运的运输成本较高，但能够大幅缩短运输时间，适合紧急货物和高附加值产品的运输。空运管理需要注意航班安排、货物安全和遵守航空法规。

④多式联运。多式联运是指利用两种或两种以上的运输方式将货物从起点运输到终点。多式联运结合了各种运输方式的优点，能够提高运输效率，降低运输成本。例如，货物可以通过海运到达港口，然后通过铁路或公路运输到达最终目的地。

运输活动的目标是通过合理的运输方式和路线规划，确保货物安全、及时到达目的地。运输管理需要考虑运输工具的选择、运输路线的优化、运输成本的控制、货物安全和运输时效等因素。

（二）储存活动

储存是指将货物存放在仓库中的过程，是物流活动的重要环节。储存活动的目的是调节生产和消费之间的时间差，确保货物能够及时满足市场需求。储存活动包括仓库选址、仓库布局、库存管理等。

①仓库选址。仓库选址是储存活动的首要任务，直接影响到储存成本和配送效率。选址需要考虑交通便利性、市场需求、土地成本、区域政策和环境影响等因素。一个理想的仓库位置应具备良好的交通网络，方便货物的进出和配送，同时要靠近主要市场或生产基地，以减少运输成本和时间。

②仓库布局。仓库布局是指仓库内部各个功能区域的合理安排，包括收货区、存储区、拣货区、包装区等。科学的仓库布局能够提高仓库作业效率，缩短货物移动距离，降低作业成本。仓库布局需要考虑货物特性、作业流程、设备配置和人员操作等因素，以确保货物的安全存放和高效作业。

③库存管理。库存管理是储存活动的核心内容，目标是通过科学的库存控制方法，保持合理的库存水平，满足市场需求，同时降低库存成本。库存管理的方法包括ABC分类管理、JIT（Just-In-Time）库存管理、EOQ（Economic Order Quantity）模型等。ABC分类管理是根据货物的重要性和价值，将库存分为A、B、C三类，分别采用不同的管理策略。JIT库存管理是通过减少库存量，提高生产和供应的协调性，降低库存成本。EOQ模型则是通过计算最优订购量，平衡订购成本和库存持有成本，以达到最低总成本。

储存活动的管理目标是通过科学的仓库选址、合理的仓库布局和高效的库存管理，确保货物的安全存放，满足市场需求，降低储存成本。

（三）包装活动

包装是指在物流过程中对货物进行保护和美化的过程。包装活动包括包装设计、包装材料选择、包装工艺等方面。包装的目的是保护货物在运输和储存过程中不受损坏，同时便于搬运和销售。

①包装设计。包装设计是包装活动的第一步，直接影响到包装效果和成本。包装设计需要考虑货物的特性、运输和储存的要求、市场需求和环保要求等因素，确保包装既能保护货物，又具备良好的市场表现。包装设计应兼顾功能性、美观性和经济性，既要保护货物，又要方便消费者使用和存储。

②包装材料选择。包装材料的选择是包装活动的重要内容，不同的包装材料具有不同的保护性能和成本。常用的包装材料包括纸、塑料、金属、玻璃、木材等。纸质包装材料具有成本低、重量轻、易回收等优点，适合一般商品的包装。塑料包装材料具有耐用、防水、透明等优点，适合食品、化妆品等对防潮要求较高的商品。金属包装材料具有强度高、防腐蚀等优点，适合贵重商品和特殊环境下的包装。玻璃包装材料具有透明、美观、耐高温等优点，适合液体商品和化学品的包装。木质包装材料具有强度高、耐用、环保等优点，适合大宗货物和重型设备的包装。

③包装工艺。包装工艺是指将货物包装起来的具体操作过程，包括包装材料的裁剪、折叠、封装、贴标等。包装工艺的选择应根据货物的特性和包装要求进行，确保包装的牢固性、美观性和方便性。现代包装工艺还应考虑自动化和智能化，通过包装设备和技术的应用，提高包装效率，降低人工成本和操作风险。

包装活动的管理目标是通过科学的包装设计、合理的包装材料选择和高效的包装工艺，确保货物在运输和储存过程中不受损坏，提升产品的市场竞争力和客户满意度。

（四）装卸搬运活动

装卸搬运是指货物在物流过程中从一个地点转移到另一个地点的操作过程，包括装车、卸车、搬运、堆垛等。装卸搬运活动贯穿于物流全过程，是物流活动的重要组成部分。

①装卸作业。装卸作业是指货物的装车和卸车操作。装卸作业的效率直接影

响到运输和储存的效率。装卸作业需要考虑货物的种类、重量、体积、装载工具和装卸设备等因素，确保装卸作业的安全、快捷和高效。常用的装卸设备包括叉车、升降机、输送带、装卸平台等。现代装卸作业还应考虑自动化和智能化，通过装卸机器人和自动化设备的应用，提高装卸效率，降低人工成本和操作风险。

②搬运作业。搬运作业是指货物在仓库、车间、码头等场所内进行的移动操作。搬运作业需要考虑货物的种类、重量、体积、搬运工具和搬运路线等因素，确保搬运作业的安全、快捷和高效。常用的搬运设备包括手推车、电动叉车、自动导引车（AGV）等。现代搬运作业还应考虑自动化和智能化，通过搬运机器人和自动化设备的应用，提高搬运效率，降低人工成本和操作风险。

③堆垛作业。堆垛作业是指货物在仓库、码头等场所进行的堆放操作。堆垛作业需要考虑货物的种类、重量、体积、堆垛方式和堆垛设备等因素，确保堆垛作业的安全、快捷和高效。常用的堆垛设备包括堆高车、堆垛机、堆垛机器人等。现代堆垛作业还应考虑自动化和智能化，通过堆垛设备和技术的应用，提高堆垛效率，降低人工成本和操作风险。

装卸搬运活动的管理目标是通过科学的装卸作业、合理的搬运作业和高效的堆垛作业，确保货物在物流过程中不受损坏，提高物流效率，降低物流成本。

（五）流通加工活动

流通加工是指在物流过程中为了增加货物价值或满足客户需求而进行的加工处理活动。流通加工活动包括分拣、拼装、贴标、检验、包装改装等。流通加工活动的目的是提高货物的附加值，满足市场和客户的个性化需求。

①分拣作业。分拣作业是指根据客户订单或市场需求，将大批量的货物按照一定的规则进行分类和整理。分拣作业的效率直接影响到物流配送的效率和准确性。分拣作业需要考虑货物的种类、数量、订单要求和分拣设备等因素，确保分拣作业的准确、高效和快捷。常用的分拣设备包括分拣机、分拣输送带、自动分拣系统等。

②拼装作业。拼装作业是指根据客户订单或市场需求，将不同种类的货物组合成一个新的产品或包装。拼装作业的目的是提高货物的附加值，满足客户的个性化需求。拼装作业需要考虑货物的种类、数量、拼装要求和拼装设备等因素，确保拼装作业的准确、高效和快捷。常用的拼装设备包括拼装台、拼装机器人、自动拼装系统等。

③贴标作业。贴标作业是指在货物上粘贴标签或标识，以便于识别和管理。贴标作业的目的是提高货物的可追溯性和管理效率。贴标作业需要考虑货物的种类、标签要求和贴标设备等因素，确保贴标作业的准确、高效和快捷。常用的贴标设备包括贴标机、自动贴标系统等。

④检验作业。检验作业是指对货物进行质量检验和检测，以确保货物符合标准和客户要求。检验作业的目的是提高货物的质量和客户满意度。检验作业需要考虑货物的种类、检验要求和检验设备等因素，确保检验作业的准确、高效和快捷。常用的检验设备包括检测仪器、检验台、自动检验系统等。

⑤包装改装作业。包装改装作业是指对货物的包装进行调整和改装，以便于销售和使用。包装改装作业的目的是提高货物的市场竞争力和客户满意度。包装改装作业需要考虑货物的种类、包装要求和包装设备等因素，确保包装改装作业的准确、高效和快捷。常用的包装改装设备包括包装机、自动包装系统等。

流通加工活动的管理目标是通过科学的分拣作业、合理的拼装作业、高效的贴标作业、准确的检验作业和优化包装改装作业，提高货物的附加值，满足市场和客户的个性化需求。

（六）配送活动

配送是指将货物从仓库或分销中心运送到客户手中的过程，是物流活动的最后一个环节。配送活动的目标是通过科学的配送管理，确保货物能够及时、准确、安全地送达客户手中。配送活动包括配送网络规划、配送路线优化、配送车辆管理、配送服务管理等方面。

①配送网络规划。配送网络规划是指根据市场需求和客户分布，设计合理的配送网络，包括配送中心的选址、配送路线的规划和配送节点的设置。规划配送网络的目的是提高配送效率，降低配送成本，确保货物能够及时送达到客户手中。

②配送路线优化。配送路线优化是指根据货物的配送需求和交通状况，设计最优的配送路线，减少配送时间和成本。配送路线优化需要考虑货物的种类、数量、配送地点、交通状况和配送车辆的类型等因素，以确保配送路线的高效和合理。

③配送车辆管理。配送车辆管理是指对配送车辆进行科学的调度和管理，包括车辆的选择、维护、调度和驾驶员管理等。管理配送车辆的目的是确保车辆能

安全、经济、高效的运行，提高配送服务的质量和效率。

④配送服务管理。配送服务管理是指对配送过程中的各项服务进行管理和控制，包括货物的装卸、搬运、交付、客户服务等。配送服务管理的目的是提高配送服务的质量和客户满意度，确保货物能够安全、及时、准确地送达到客户手中。

配送活动的管理目标是通过科学规划配送网络、合理优化配送路线、高效管理配送车辆和优质的配送服务管理，确保货物能够及时、准确、安全地送达到客户手中，提高物流效率和客户满意度。

（七）物流信息活动

物流信息活动是指在物流过程中对信息进行采集、处理、传递和存储，是物流管理的重要组成部分。物流信息活动的目标是通过高效的信息管理，提高物流活动的透明度和可控性。物流信息活动包括物流信息系统建设、物流信息采集、物流信息处理、物流信息传递和物流信息存储等方面。

①物流信息系统建设。其指建立和维护支持物流活动的信息系统，包括物流管理系统、仓储管理系统、运输管理系统、客户关系管理系统等。物流信息系统的建设目的是通过信息技术的应用，提高物流管理的效率和准确性，实现物流活动的全程监控和优化。

②物流信息采集。其指在物流过程中对各种物流信息进行收集，包括订单信息、库存信息、运输信息、客户信息等。物流信息采集的目的是通过及时、准确的信息采集，为物流管理和决策提供数据支持。

③物流信息处理。其指对采集到的物流信息进行分类、整理、分析和处理，以提取有价值的信息和知识。物流信息处理的目的是通过信息处理技术的应用，提高信息的利用率和决策支持能力。

④物流信息传递。其指将处理后的物流信息传递给相关部门和人员，以支持物流管理和决策。物流信息传递的目的是通过高效的信息传递技术，确保信息的及时、准确和安全传递，提高物流活动的透明度和可控性。

⑤物流信息存储。其指对物流信息进行存储和管理，以便于随时查阅和使用。物流信息存储的目的是通过科学的信息存储技术，确保信息的安全、完整和可用，提高信息的管理效率和利用价值。

物流信息活动的管理目标是通过科学的物流信息系统建设、合理的信息采集、高效的信息处理、及时的信息传递和安全的信息存储，提高物流活动的透明度和可控性，支持物流决策和优化，提高物流效率和客户满意度。

四、物流的分类

物流系统是一个复杂而多样化的网络，根据不同的标准可以对物流进行不同的分类。本书将按照物流的作用、物流系统的性质以及物流活动的空间进行详细的分类和论述。

（一）按物流的作用分类

按物流的作用，可以将物流分为供应物流、销售物流、生产物流、回收物流和废弃物物流。不同类型的物流在整个供应链中扮演着不同的角色，具有独特的功能和特点。

1．供应物流

供应物流是指从供应商到生产企业的物资流动。它主要涉及原材料、零部件等生产要素的采购和运输。供应物流的目标是确保生产企业所需的原材料和零部件能够及时、准确、安全地送达，支持生产活动的顺利进行。供应物流的管理需要考虑采购计划、供应商选择、运输安排、库存管理等因素。

供应物流的有效管理能够降低采购成本，提高采购效率，确保生产的连续性和稳定性。科学的供应物流管理还能够加强企业与供应商之间的合作关系，增强供应链的整体竞争力。例如，通过创建供应链管理（SCM）系统实时监控供应物流的各个环节，提高供应链的透明度和响应速度。

供应物流管理的另一个重要方面是与供应商的关系管理。企业需要与供应商建立长期稳定的合作关系，以确保原材料和零部件的质量和供应的稳定性。通过签订长期合同、实施供应商评估和绩效考核机制，企业可以与供应商形成紧密的合作关系，降低供应风险，提高供应链的整体效率。

2．销售物流

销售物流是指从生产企业到销售市场的物资流动。它主要涉及成品的储存、运输、配送等活动。销售物流的目标是确保产品能够及时、准确、安全地送达到客户手中，满足市场需求。销售物流的管理需要考虑库存控制、运输安排、配送服务等因素。

销售物流的有效管理能够加快产品的市场响应速度，降低物流成本，提升客户满意度。科学的销售物流管理还能够优化企业的库存结构，减少库存积压，提高资金周转效率。例如，通过实施库存管理系统（IMS），企业可以实时监控库存水平，优化库存补充策略，降低库存成本。

销售物流管理的另一个重要方面是配送网络的规划和优化。企业需要根据市场需求和客户分布，设计合理的配送网络，包括配送中心的选址、配送路线的规划和配送节点的设置。通过实施先进的配送管理系统（DMS），企业可以优化配送路线，提高配送效率，降低配送成本。

3. 生产物流

生产物流是指在生产企业内部的物资流动。它主要涉及原材料、零部件在生产线之间的运输和储存。生产物流的目标是确保生产的顺畅进行，提高生产效率，降低生产成本。生产物流的管理需要考虑生产计划、物料需求、物流线路、运输工具等因素。

生产物流的有效管理能够优化生产流程，提高生产效率，降低生产成本。科学的生产物流管理还能够减少生产中的等待时间和物料搬运，提升生产线的柔性和响应速度。例如，通过创建制造执行系统（MES），企业可以实时监控生产过程，优化生产调度，减少生产瓶颈，提高生产效率。

生产物流管理的另一个重要方面是物料搬运和仓储管理。企业需要根据生产需求，设计合理的物料搬运和仓储方案，包括物料的运输路线、仓库的布局和库存的管理。通过创建自动化仓储系统（AS/RS），企业可以提高物料搬运和仓储的效率，减少人力成本，提高仓储管理的精确度。

4. 回收物流

回收物流是指将使用过的产品或废弃物从消费地运送到回收处理中心。它主要涉及废旧产品、包装材料、报废设备等的回收和运输。回收物流的目标是通过对废旧产品的回收和再利用，减少资源浪费，保护环境。回收物流的管理需要考虑回收渠道、回收方式、运输安排等因素。

回收物流的有效管理能够提高资源的再利用率，降低废弃物的处理成本，减少环境污染。科学的回收物流管理还能够为企业创造新的经济价值，增强企业的社会责任感和可持续发展能力。例如，通过创建回收管理系统（RMS），企业可以优化回收流程，提高回收效率，降低回收成本。

回收物流管理的另一个重要方面是逆向物流管理。企业需要设计合理的逆向物流网络，包括回收点的设置、回收路线的规划和回收处理中心的布局。通过创建逆向物流管理系统（RLM），企业可以优化逆向物流网络，提高逆向物流的效率和服务水平。

5．废弃物物流

废弃物物流是指将生产和消费过程中产生的废弃物从产生地运送到处理或处置地点。它主要涉及工业废弃物、生活垃圾、有害废物等的收集、运输和处理。废弃物物流的目标是通过科学的废弃物处理，减少对环境的危害，促进资源的再利用。废弃物物流的管理需要考虑废弃物分类、收集方式、运输工具、处理技术等因素。

废弃物物流的有效管理能够减少环境污染，促进资源的循环利用，提高废弃物处理的效率和安全性。科学的废弃物物流管理还能够增强社会的环保意识，推动绿色经济的发展。例如，通过创建废弃物管理系统（WMS），企业可以优化废弃物处理流程，提高废弃物处理效率，降低废弃物处理成本。

废弃物物流管理的另一个重要方面是环保法规的遵守和实施。企业需要根据国家和地方的环保法规，设计和实施废弃物处理方案，确保废弃物的处理符合环保要求。通过创建环保管理系统（EMS），企业可以提高废弃物处理的合规性和透明度，降低环境风险，提高企业的社会责任感。

（二）按物流系统的性质分类

按物流系统的性质，可以将物流分为社会物流、行业物流和企业物流。不同类型的物流系统在社会经济中发挥着不同的作用，具有独特的功能和特点。

1．社会物流

社会物流是指为整个社会提供服务的物流系统。它包括交通运输系统、仓储设施、物流信息系统等公共物流资源。社会物流的目标是通过整合社会的物流资源，提高物流效率，降低物流成本，支持社会经济的发展。社会物流的管理需要考虑公共基础设施建设、物流政策制定、物流信息共享等因素。

社会物流的有效管理能够提高社会的物流效率，降低物流成本，促进区域经济的发展。科学的社会物流管理还能够优化社会资源配置，提高社会的整体竞争力和可持续发展能力。例如，通过建设国家级物流信息平台，可以整合全国的物流信息资源，提高物流信息的共享和利用效率。

社会物流管理的另一个重要方面是公共物流设施的建设和维护。政府需要投资建设和维护公共物流设施，包括公路、铁路、港口、机场、物流园区等。通过规划物流基础设施建设，政府可以优化公共物流设施的布局，提高物流基础设施的服务能力，促进社会物流的发展。

2．行业物流

行业物流是指在特定行业内进行的物流活动。它包括制造业物流、零售业物流、农业物流等物流系统。行业物流的目标是通过优化行业内部的物流活动，提高行业的物流效率和服务水平。行业物流的管理需要考虑行业特性、物流需求、物流技术等因素。

行业物流的有效管理能够提高行业的生产效率和市场竞争力，降低行业的物流成本。科学的行业物流管理还能够促进行业的技术进步和管理创新，提高行业的整体发展水平。例如，通过实施行业物流标准化，制定和推广行业物流标准，能够提高行业物流活动的规范性和一致性。

行业物流管理的另一个重要方面是行业物流信息系统的建设和应用。行业协会和企业可以共同建设行业物流信息系统，整合行业的物流信息资源，提高物流信息的共享和利用效率。通过建设行业物流信息平台，行业企业可以提高物流管理的效率和精准度，增强行业的整体竞争力。

3．企业物流

企业物流是指在企业内部进行的物流活动。它包括企业的原材料采购、生产过程中的物料搬运、产品销售的物流配送等。企业物流管理的目标是通过优化企业内部的物流活动，提高企业的生产效率和市场响应速度，降低企业的物流成本。企业物流的管理需要考虑企业的生产计划、市场需求、物流资源等因素。

企业物流的有效管理能够提高企业的运营效率和竞争力，降低企业的运营成本。科学的企业物流管理还能够提高企业的客户满意度和市场占有率，增强企业的持续发展能力。例如，通过创建企业资源计划（ERP）系统，企业可以整合内部的物流信息资源，提高物流管理的效率和精准度。

企业物流管理的另一个重要方面是企业物流战略的制定和实施。企业需要根据市场需求和竞争环境，制定和实施科学的物流战略，优化企业的物流网络和资源配置。通过实施企业物流战略规划，企业可以提高物流管理的系统性和前瞻性，增强企业的市场竞争力。

（三）按照物流活动的空间分类

按物流活动的空间，可以将物流分为地区物流和国际物流。不同空间范围的物流活动在物流管理中具有不同的特点和挑战。

1．地区物流

地区物流是指在特定地区内进行的物流活动。它包括城市物流、区域物流等。地区物流管理的目标是通过优化地区内的物流活动，提高地区的物流效率和服务水平。地区物流的管理需要考虑地区的地理特征、物流需求、物流设施等因素。

①城市物流是地区物流的重要组成部分，是指在城市范围内进行的物流活动。城市物流的管理需要考虑城市的交通状况、物流需求、配送服务等因素。科学的城市物流管理能够缓解城市交通拥堵，提高物流配送的效率和服务水平。例如，通过建立城市配送系统（CDS），企业可以优化城市配送网络，提高城市配送的效率和精准度。

城市物流管理的另一个重要方面是城市物流设施的建设和维护。政府和企业需要投资建设和维护城市物流设施，包括配送中心、物流园区、城市物流信息平台等。通过实施城市物流基础设施建设规划，政府和企业可以优化城市物流设施的布局，提高城市物流设施的服务能力，促进城市物流的发展。

②区域物流是指在特定区域内进行的物流活动，通常涉及多个城市或地区。区域物流的管理需要考虑区域内的物流需求、物流设施、交通网络等因素。科学的区域物流管理能够促进区域经济的发展，提高区域的物流效率和服务水平。例如，通过建设区域物流信息平台，可以整合区域内的物流信息资源，提高物流信息的共享和利用效率。

区域物流管理的另一个重要方面是区域物流网络的规划和优化。政府和企业需要根据区域经济的发展需求，规划和优化区域物流网络，包括物流节点的设置、物流线路的规划和物流设施的布局。通过实施区域物流网络规划，政府和企业可以提高区域物流网络的整体效率，促进区域经济的一体化发展。

地区物流的有效管理能够优化区域内的资源配置，提高区域的经济发展水平。科学的地区物流管理还能够提高地区的物流效率，降低物流成本，促进区域内各个行业的协调发展。

2．国际物流

国际物流是指跨越国界的物流活动。它包括国际贸易物流、跨境电子商务物流等。国际物流的目标是通过优化跨国物流活动，提高国际物流效率和服务水平，支持国际贸易的发展。国际物流的管理需要考虑国际物流法规、海关政策、国际运输方式等因素。

①国际贸易物流是国际物流的重要组成部分，是指在国际贸易过程中进行的物流活动。国际贸易物流的管理需要考虑国际物流法规、关税政策、运输安排等因素。科学的国际贸易物流管理能够提高国际贸易的效率和安全性，降低国际物流成本。例如，通过创建国际物流管理系统（ILMS），企业可以优化国际物流流程，提高国际物流的效率和安全性。

国际贸易物流管理的另一个重要方面是国际物流网络的建设和优化。企业需要根据国际市场需求，规划和优化国际物流网络，包括国际物流节点的设置、国际物流线路的规划和国际物流设施的布局。通过实施国际物流网络规划，企业可以提高国际物流网络的整体效率，增强企业的国际竞争力。

②跨境电子商务物流是近年来发展迅速的国际物流形式，是指通过电子商务平台进行的跨国物流活动。跨境电子商务物流的管理需要考虑电子商务平台的物流需求、跨国运输方式、国际物流法规等因素。科学的跨境电子商务物流管理能够提高跨境电商的物流效率和服务水平，促进国际电子商务的发展。例如，通过建立跨境电子商务物流平台，可以整合跨境电商的物流资源，提高物流信息的共享和利用效率。

跨境电子商务物流管理的另一个重要方面是跨境物流服务的创新和优化。企业需要根据跨境电商的物流需求，创新和优化跨境物流服务，包括跨境仓储、跨境配送、跨境物流信息服务等。通过实施跨境物流服务创新，企业可以提高跨境电商的物流服务水平，增强企业的市场竞争力。

国际物流的有效管理能够促进国际贸易的发展，提高全球资源配置效率。科学的国际物流管理还能够提高国际物流的安全性和可控性，降低国际物流成本，增强企业的国际竞争力。例如，通过创建全球物流网络管理系统（GLNMS），企业可以整合全球的物流资源，提高全球物流的效率和服务水平。

五、物流的价值与特点

物流作为经济活动的重要组成部分，其价值不仅体现在宏观经济层面，也体现在微观企业层面。物流系统的高效运作能够促进国民经济的发展，提高企业的运营效率和市场竞争力。本书将从宏观价值和微观价值两个方面详细论述物流的价值与特点。

（一）物流的宏观价值

物流在宏观经济中发挥着基础性和支撑性的作用，是国民经济的重要组成部分。具体来说，物流的宏观价值主要体现在以下几个方面。

1. 物流是国民经济的基础之一

物流是国民经济运行的基础，物流系统的高效运作能够促进社会资源的合理配置，提高经济运行效率。物流涉及运输、仓储、配送、包装、装卸搬运等多个环节，这些环节的协同运作能够保证商品和服务的顺畅流通，支持国民经济的稳步发展。

物流基础设施的建设和物流技术的进步，直接影响到国民经济的整体效率和竞争力。现代经济的发展离不开高效的物流系统，物流系统的创新和优化能够带动相关产业的发展，提高国家的经济竞争力。例如，通过建设高效的公路、铁路、港口、机场等物流基础设施，可以提高货物运输的速度和效率，降低物流成本，促进区域经济的协调发展。

2. 物流是企业生产的前提

物流在企业生产活动中起着至关重要的作用，是企业正常运行的基础和保障。具体来说，物流对企业生产的影响主要体现在以下几个方面。

（1）物流为企业创造经营的外部环境

物流系统的完善与否直接影响到企业的生产经营环境。高效的物流系统能够为企业提供及时、准确的原材料供应，保障生产的连续性和稳定性。同时，物流系统的优化还能够提高产品的市场响应速度，提升企业的市场竞争力。

（2）物流是企业生产运行的保证

物流系统的高效运作能够保障企业生产的顺利进行，减少生产中的等待时间和物料搬运，提高生产效率。通过科学的物流管理，企业可以实现原材料的及时供应、生产过程中的物料搬运和成品的快速配送，保障生产的连续性和稳定性。

（3）物流是发展企业的重要支撑力量

物流不仅是企业正常运行的保障，更是企业发展的重要支撑。通过优化物流系统，企业可以降低运营成本，提高市场响应速度和客户满意度，增强市场竞争力。例如，企业可以通过实施物流信息系统，优化库存管理和配送管理，提高物流效率，降低物流成本。

3．特定条件下，物流是国民经济的支柱

在特定条件下，物流可以成为国民经济的支柱产业。随着全球化和信息化的发展，物流产业的地位和作用日益凸显。物流产业不仅能够带动相关产业的发展，还能够为社会提供大量的就业机会，促进经济结构的调整和优化。例如，在一些物流业发达的国家和地区，物流产业已经成为国民经济的重要支柱，对经济发展和社会进步起到了重要的推动作用。

物流产业的发展还能够促进区域经济的协调发展。建设区域物流中心和物流园区，可以优化区域内的物流资源配置，提高区域经济的整体竞争力。例如，长三角地区和珠三角地区通过建设高效的物流网络，促进了区域经济的一体化发展，提高了区域内的物流效率和经济竞争力。

（二）物流的微观价值

物流在微观企业层面同样具有重要的价值，主要体现在降低成本、提高利润和提升服务等方面。具体来说，物流的微观价值主要包括以下几个方面。

1．物流降低成本的价值

物流系统的高效运作能够显著降低企业的运营成本，提高企业的经济效益。具体来说，物流降低成本的价值主要体现在以下几个方面。

（1）运输成本的降低

通过优化运输方式和运输路线，企业可以降低运输成本，提高运输效率。例如，实施多式联运，可以结合公路、铁路、海运等多种运输方式，选择最优的运输路线，降低运输成本。同时，通过优化运输工具和运输组织，企业还可以提高运输效率，减少运输损失。

（2）库存成本的降低

通过科学的库存管理，企业可以降低库存水平，减少库存持有成本。例如，通过实施JIT库存管理，企业可以根据生产需求及时补充库存，减少库存积压和资金占用。通过优化库存结构和库存控制策略，企业还可以提高库存周转率，降低库存成本。

（3）仓储成本的降低

通过优化仓储设施和仓储管理，企业可以提高仓储效率，降低仓储成本。例如，通过创建自动化仓储系统，企业可以提高仓储作业效率，减少人力成本和操作风险。通过优化仓库布局和仓储流程，企业还可以提高仓库利用率，降低仓储成本。

2. 物流的利润价值

物流系统的高效运作不仅能够降低成本，还能够为企业创造利润，提高经济效益。具体来说，物流的利润价值主要体现在以下几个方面。

（1）提高产品附加值

通过优化物流服务，企业可以提高产品的附加值，增强市场竞争力。例如，通过提供快速、准确的配送服务，企业可以提升客户满意度，提高产品的市场竞争力。同时，通过优化包装、装卸搬运和流通加工，企业还可以提高产品的市场表现和销售价值。

（2）扩大市场份额

通过高效的物流系统，企业可以快速响应市场需求，扩大市场份额。例如，通过建设高效的配送网络，企业可以提高产品的市场覆盖率，增加销售机会。同时，通过优化物流信息系统，企业还可以提高市场预测和需求分析的准确性，优化销售策略，扩大市场份额。

（3）提高经济效益

通过降低物流成本和提高物流效率，企业可以提高经济效益。例如，通过实施科学的物流管理，企业可以降低运输、仓储和库存成本，提高生产效率和市场响应速度，增加利润空间。通过优化物流资源配置，企业还可以提高物流系统的整体效率，增强经济效益。

3. 物流的服务价值

物流不仅能够降低成本和提高利润，还能够为企业和客户提供高质量的服务，创造多方面的价值。具体来说，物流的服务价值主要包括以下几个方面。

（1）物流创造时间价值

物流系统的高效运作能够通过缩短时间、弥补时间差和延长时间差创造时间价值。

①缩短时间创造价值。通过提高运输和配送的速度，物流系统可以缩短产品

从生产到消费的时间，满足客户的紧急需求，提升客户满意度。例如，通过实施快速配送服务，企业可以在最短的时间内将产品送到客户手中，提高市场响应速度，增强市场竞争力。

②弥补时间差创造价值。通过科学的库存管理和配送安排，物流系统可以弥补生产和消费之间的时间差，确保产品在适当的时间送达到客户手中。例如，通过创建先进的库存管理系统，企业可以根据市场需求及时补充库存，弥补生产和销售之间的时间差，保证产品的及时供应。

③延长时间差创造价值。通过优化仓储和保鲜技术，物流系统可以延长产品的存储时间，增加产品的市场寿命。例如，通过实施冷链物流技术，企业可以延长生鲜食品的保鲜时间，增加产品的销售周期，提高经济效益。

（2）物流创造场所价值

物流系统的高效运作能够通过改变物的不同位置创造场所价值。由于是改变物的不同位置而创造的价值，故称作场所价值。

①从集中生产场所流入分散需求场所创造价值。通过优化配送网络，物流系统可以将产品从集中生产地运送到分散的消费地，满足市场的多样化需求。例如，通过建设区域配送中心，企业可以将产品从生产基地运送到各地的销售市场，提高市场覆盖率和客户满意度。

②从分散生产场所流入集中需求场所创造价值。通过高效的物流系统，企业可以将分散生产的产品集中到需求集中的市场，满足大规模采购的需求。例如，通过实施集成物流管理，企业可以将分散的生产资源整合起来，集中运送到需求集中的市场，提高物流效率和经济效益。

③从低价值生产地流入高价值需求地创造价值。通过优化物流资源配置，企业可以将产品从低价值生产地运送到高价值需求地，增加产品的附加值和经济效益。例如，通过实施全球供应链管理，企业可以将产品从低成本生产地运送到高需求市场，创造更高的经济价值。

（3）物流创造加工价值

物流系统的高效运作能够通过流通加工提高产品的附加值，满足市场的个性化需求。流通加工是指在物流过程中对产品进行简单的加工和处理，以增加产品的市场价值和竞争力。例如，通过包装改装、产品分拣、标签粘贴等流通加工活动，企业可以提高产品的市场表现和销售价值。

（4）物流占用成本

物流占用成本是指在物流过程中因资源占用而产生的成本，包括库存持有成本、仓储成本、运输成本等。物流占用成本的管理是物流系统优化的关键环节，通过降低物流占用成本，企业可以提高经济效益。例如，通过实施科学的库存管理和运输安排，企业可以降低库存水平和运输成本，减少资源占用，提高物流效率和经济效益。

（5）减轻环境负担

物流系统的高效运作能够通过优化资源配置和减少废弃物，减轻环境负担，促进绿色经济的发展。例如，通过实施绿色物流技术和模式，企业可以减少物流过程中的能源消耗和废弃物排放，提高物流系统的环境友好性。通过推广循环经济和资源再利用，企业还可以减少资源浪费，提高资源利用效率，减轻环境负担。

第二节　现代物流的概念与内涵

一、现代物流的概念界定

（一）定义

现代物流是指在经济全球化和信息化的背景下，通过先进的管理理念和技术手段，对物品从供应地到接收地的全过程进行系统化、综合化的管理和控制，以提高物流效率，降低物流成本，满足客户需求。现代物流涵盖了运输、仓储、配送、包装、装卸搬运、流通加工、信息管理等多个环节，是一个综合性的服务体系。

（二）系统化和综合化

现代物流强调系统化和综合化管理，不再是单一的运输或仓储活动，而是一个涵盖了整个供应链的复杂系统。物流活动的每一个环节都是相互关联、相互影响的，需要进行系统化的规划和管理，以实现整体效率的最优化。

（三）客户需求导向

现代物流以客户需求为导向，强调客户服务的重要性。物流活动的最终目标是满足客户需求，提高客户满意度。因此，现代物流需要通过优化物流流程和服务，提高物流的响应速度和服务质量，以满足客户的个性化需求。

（四）信息技术的应用

现代物流广泛应用信息技术，通过物流信息系统（LIS）、条码技术（BC）、电子数据交换（EDI）、全球定位系统（GPS）等技术，实现对物流活动的全程监控和优化管理。信息技术的应用不仅提高了物流活动的透明度和可控性，还为物流管理提供了科学的决策支持。

（五）供应链管理

现代物流不仅关注企业内部的物流管理，还延伸到整个供应链的管理。通过对供应链上下游的物流活动进行综合管理和协调，现代物流实现了供应链的高效运作和资源的最优配置。供应链管理强调合作和协同，通过信息共享和资源整合，提高供应链的整体效率和竞争力。

二、现代物流的特征分析

现代物流强调物流客户服务的重要性，其活动范围广泛，包括整个生产、流通、消费过程的全部物流活动。现代物流不仅重视效率，更加重视效果；不仅强调物流各构成要素的整体最佳，而且强调物流活动与其他生产经营活动的整体最佳，更强调库存一体化管理、信息管理及按需生产。相较于传统物流要求的安全、切实、迅速和经济性，现代物流的主要特征如下。

（一）物流过程一体化

物流过程一体化是指将原料、半成品和成品的生产、供应、销售结合成有机整体，实现流通与生产的引导和促成关系。物流过程一体化的一个重要体现是物流供应链概念的出现。供应链将物流系统定义为从采购开始，经过生产和货物配送到达客户的整个过程。作为一条环环相扣的"链"，物流不再局限于单个企业，而是对整条供应链各环节的运作和管理。物流过程一体化是20世纪末最有影响的商业趋势之一，它改变了过去将产品的流动视为一系列独立活动的思维模式，将从原材料直到消费者的商品流动作为整体系统进行计划与协调。它是物流管理系统化的具体体现，充分考虑整个物流过程及影响此过程的各种环境因素，对商品的实物流动进行整体规划和运行。因此，物流过程一体化的目标是将市场、分销网络、制造过程和采购活动联系起来，以实现顾客服务的高水平与低成本，赢得竞争优势。

（二）物流技术专业化

物流技术专业化主要体现在物流作业应用专业化、标准化、智能化的先进技术与设备来提高效率。现代物流使用先进的技术、设备与管理为销售提供服务，生产、流通、销售的规模越大、范围越广，物流技术、设备与管理的现代化程度就越高。目前，计算机技术、通信技术、语音识别技术、传感技术、机电一体化技术等都得到了普遍应用。世界上最先进的物流系统已运用全球定位系统、卫星通信技术、射频识别装置等，实现了自动化、机械化、信息化和智能化。

（三）物流运营与管理信息化

物流运营与管理的信息化是现代物流管理的基础，是现代物流发展的必然要求和基石。现代物流高度依赖于对大量信息的采集、分析、处理和及时更新。在信息技术高度发达的现代社会，从客户信息和订单的数据化、编码化，到物流信息处理的电子化和计算机化，再到信息传递的实时化和标准化，信息化渗透到物流的每一个领域。拥有众多的无车船和固定物流设备等物流资源的新型物流企业正是凭借其信息化的优势展开经营的。从某种意义上说，现代物流竞争已成为物流信息资源的竞争。

（四）物流标准化

物流标准化是实现物流管理现代化的必要条件。对于企业来说，物流标准是产品质量的组成部分，是企业降低物流成本、提高物流效益的有效措施。要想实现供应链的衔接和统一管理，必须实现数据、流程的标准化。此外，信息技术的进步给传统物流带来了新的发展，移动信息技术、智能化信息平台等新兴技术也与物流业交融，形成一系列具有时代特色的现代物流技术。

（五）物流网络化

网络经济的出现，促使网络市场成为新经济体系的核心，政府、企业、消费者通过网络市场相互联系并相互作用。电子商务的出现，促使流通领域的经济行为产生分化和重组。分化体现在：第一，商品和服务的信息将在网络上出现和流通，而不再仅仅依赖于传统市场。第二，信息商品的生产、流通与消费三个环节都可能转移到网上，从而使信息商品的生产企业、信息商品的消费者和用于信息商品流通的市场都有可能脱离实体经济而进入网络经济。第三，资金流越来越脱离传统市场而倚重网络进行流通。重组体现在：第一，流通企业业务流程重组。信息上网及信息商品的生产、流通和消费网络化，大大降低了信息成本，信息成为首要资源并渗透到业务的各个环节，从而改变业务流程。第二，市场流通方式重组。由于信息流、资金流从传统市场中剥离出来，传统市场的作用降低、功能减少、批发和零售的地位下降。在电子商务及新的在线购物系统中，顾客可以从供应链的各个成员中"拉出"他们需要的东西，结果是顾客可以获得更加快速而可靠的服务，供应商也可减少成本。

（六）物流移动化

现代物流中最重要的是降低成本、提高效率，应用移动信息技术可以实现有效的物流管理。物流信息具有很强的时效性、动态性，信息价值衰减速度快，物流信息管理对信息的时效性要求较高。如订单处理、配送管理和运输管理对信息的时效性要求很高。因此，物流企业为了进一步降低运作成本、提高工作与沟通效率、增强企业竞争力，引入了"移动物流"的管理理念。"移动物流"从最初的信息采集概念拓展为包括前端数据采集、数据无线传递及集成管理的物流管理信息系统。物流移动化有效满足了物流行业的业务与需求，对物流企业不受时空限制、实现信息共享、提升运输过程的合理性与安全性、提高企业精细化管理程度等都起到了举足轻重的作用，从而真正满足了物流信息的时效性要求。

（七）物流虚拟化

虚拟物流是以信息技术进行物流运作与管理，实现企业间物流资源共享和优化配置的物流方式，其通过物流组织、交易、服务、管理方式的网络化，使物流活动能够方便快捷地进行，实现物流运营的高效、安全、可靠、低成本的目的。由于市场需求具有不确定性，具备相对稳定的内在物流资源的单个物流企业，可能在市场需求较高时由于缺乏资源无法满足市场需求，而在市场需求较低时，又出现资源富余而增加了物流资源维护保养等成本费用。借助虚拟物流模式，能够有效地规避这种商业风险。例如，一个综合性的物流中心借助电子商务，构建了虚拟物流企业，将分散在各地区且属于不同所有者的仓库、车队、码头经由网络系统连接起来，使之成为"虚拟仓库""虚拟配送中心"，进行统一管理和配套使用。当市场动态变化时，各个联盟成员间可以动态调剂资源余缺。这样的虚拟物流企业因为整合了各成员企业的核心能力，从而在资源组织的速度、规模、效率和合理配置方面大大提升了整个联盟的市场竞争力。

三、现代物流系统的层次

现代物流系统通过管理层、控制层和作业层三个层次的协调配合来实现其总体功能。

（一）管理层

管理层的任务是对整个物流系统进行统一的计划、实施和控制。其主要内容有物流系统战略规划、系统控制和成绩评定，以形成有效的反馈机制和激励机制。

（二）控制层

控制层的任务是控制物料流动过程，主要包括订货处理与顾客服务、库存计划与控制、生产计划与控制、用料管理与采购等。

（三）作业层

作业层的任务是完成物料的时间转移和空间转移，主要包括发货与进货运输，厂内装卸、搬运、包装、保管和流通加工等。

由此可见，企业物流活动几乎渗透到制造企业的所有生产活动和管理工作中，对企业的影响很大。

四、现代物流与传统物流

现代物流和传统物流在概念、管理方式、技术应用、服务内容、管理目标等方面存在显著区别。以下将深入分析和详细阐释现代物流与传统物流的区别，全面理解现代物流的内涵和发展方向。

（一）对物流常见的误解或者片面认识

在探讨现代物流之前，有必要澄清一些对物流的常见误解或片面认识。这些误解往往限制了人们对现代物流的全面理解和应用。

1．认为物流就是物资流通

这种观点将物流简单地等同于物资流通，忽略了物流系统中的多种功能和服务。物资流通只是物流的一部分，现代物流不仅包括物资的流通，还包括信息的流通、服务的提供、增值功能等。

物资流通主要是指货物从生产地到消费地的转移过程，而现代物流涵盖了从原材料采购、生产制造、产品储存、运输配送到最终消费的整个过程。它不仅关注货物的物理流动，还涉及物流信息的管理和传递，以及物流服务的优化和增值。

2．认为物流就是储运

储运是物流的核心功能之一，但并不是全部。现代物流涵盖了从采购、生产到销售的全过程，涉及运输、仓储、配送、包装、装卸搬运、信息管理等多个环节，是一个综合性的管理系统。

现代物流强调系统化和综合化管理，通过优化供应链管理，实现各个物流环节的协调运作和资源的最优配置。它不仅关注货物的储存和运输，还包括物流信息系统的建设和应用，供应链上下游的协同和整合，物流服务质量的提升等。

3．认为物流是生产销售活动的附属行为

这种观点将物流视为生产和销售的附属行为，忽略了物流在供应链中的重要作用。现代物流通过优化供应链管理，提高了生产和销售的效率，降低了成本，是企业竞争力的重要组成部分。

现代物流不仅支持企业的生产和销售活动，还通过供应链管理，实现供应链上下游的协同和整合，提高供应链的整体效率和竞争力。物流在企业运营中的地位日益重要，已经成为企业提升竞争力和实现可持续发展的关键因素。

4．认为物流只属于流通领域，是流通运动的一个组成部分

虽然物流确实在流通领域中占有重要地位，但现代物流的作用远不止于此。它贯穿于整个供应链，从原材料采购到产品交付给最终消费者，涉及生产、流通和服务等多个领域。

现代物流不仅关注流通领域的物流活动，还涉及生产领域的物料搬运和库存管理，以及服务领域的客户服务和增值服务。它通过系统化和综合化管理，提高了供应链的整体效率和服务水平，实现了物流活动的增值和优化。

5．将物流等同于"实物分配"

实物分配是物流的一个重要方面，但现代物流的内涵更加广泛。它不仅涉及实物的分配，还包括信息管理、客户服务、增值服务等多个方面，是一个综合性

的管理系统。

现代物流强调物流信息的管理和传递，通过物流信息系统，实现对物流活动的全程监控和优化管理。它不仅关注实物的分配，还通过信息的流动和管理，提高了物流活动的透明度和可控性，提高了物流系统的整体效率和服务水平。

（二）现代物流与传统物流的区别

现代物流与传统物流在概念、管理方式、技术应用、服务内容、管理目标等方面存在显著区别。以下将从多个方面进行对比分析。

1. 概念上的区别

传统物流主要关注物资的运输和储存，强调的是物资的空间移动和时间价值。传统物流的主要目标是通过优化运输和仓储活动，提高物流效率，降低物流成本。

现代物流是一个综合性的管理系统，涵盖了运输、仓储、配送、包装、装卸搬运、信息管理、客户服务、增值服务等多个方面，强调的是系统优化和整体效率。现代物流不仅关注物流活动的效率和成本，还关注物流服务的质量和客户满意度。

2. 管理方式上的区别

传统物流通常采用分散管理，各个物流环节相互独立，缺乏系统性和协调性。传统物流管理主要依靠经验和手工操作，信息化程度较低，管理效率和效果受到限制。

现代物流强调系统化管理，通过物流信息系统和供应链管理，实现物流各环节的协调运作，提高整体效率。现代物流管理采用先进的管理理念和技术手段，如供应链管理、企业资源计划、客户关系管理（CRM）等，提升物流管理的系统性和科学性。

3. 技术应用上的区别

传统物流依赖人工和机械操作，信息化程度较低。物流信息的采集、处理和传递主要依靠手工记录和人工操作，效率较低，容易出现错误和延误。

现代物流广泛应用信息技术，通过物流信息系统、条码技术、电子数据交换、全球定位系统、物联网（IoT）等技术，实现物流活动的自动化和智能化，提高了物流的效率和服务水平。现代物流技术的应用不仅提高了物流信息的透明度和可控性，还为物流管理提供了科学的决策支持。

4．服务内容上的区别

传统物流主要提供运输和储存服务，服务内容单一。传统物流企业的主要任务是将货物从一个地点运输到另一个地点，并在运输过程中提供必要的储存服务。

现代物流提供多样化的服务，包括增值服务、定制化服务、综合物流服务等，满足客户的多样化需求，提高客户满意度。现代物流企业不仅提供基础的运输和储存服务，还提供流通加工、包装设计、货物保险、信息查询等增值服务，提升了物流服务的附加价值和市场竞争力。

5．管理目标上的区别

传统物流的管理目标主要是降低物流成本，提高物流效率。传统物流企业通过优化运输和储存活动，减少物流环节中的浪费和损失，实现了成本的最低化和效率的最大化。

现代物流在降低成本和提高效率的基础上，进一步追求客户满意度和服务质量的提升。现代物流企业通过优化物流系统，提高物流服务的质量和水平，提高客户满意度和忠诚度，实现了物流活动的增值和优化。现代物流还强调绿色物流和可持续发展，通过采用环保和节能技术，减少了物流过程中的能源消耗和废弃物排放，促进了经济和环境的协调发展。

（三）现代物流与传统物流的对比分析

为了更好地理解现代物流与传统物流的区别，以下将从运输管理、仓储管理、信息管理、服务内容、客户关系、供应链管理等多个方面进行对比分析。

1．运输管理

传统物流的运输管理主要依靠人工和机械操作，运输工具和技术相对简单。运输路线的规划和优化主要依靠经验和手工操作，信息化程度较低，运输效率和效果受到限制。

现代物流的运输管理广泛应用信息技术，通过物流信息系统、全球定位系统、电子数据交换等技术，实现运输活动的自动化和智能化。现代物流企业通过优化运输方式和运输路线，提高运输效率，降低运输成本。例如，通过实施多式联运和智能运输系统，现代物流企业可以选择最优的运输方式和路线，提高运输效率，减少运输时间和成本。

2．仓储管理

传统物流的仓储管理主要依靠人工和机械操作，仓储设施和设备相对简单。仓储管理的主要任务是将货物安全地存储在仓库中，确保货物不受损坏和丢失。传统仓储管理的信息化程度较低，库存管理的精确度和效率受到限制。

现代物流的仓储管理广泛应用自动化和智能化技术，通过仓库管理系统、自动化仓储系统、物联网等技术，实现仓储活动的自动化和智能化。现代物流企业通过优化仓库布局和库存管理，提高仓库利用率和作业效率，降低仓储成本。例如，通过实施自动化仓储系统，现代物流企业可以实现货物的自动存取和搬运，提高仓储作业的效率和精确度，减少人力成本和操作风险。

3．信息管理

传统物流的信息管理主要依靠手工记录和人工操作，信息化程度较低。物流信息的采集、处理和传递主要依靠纸质文件和电话沟通，效率较低，容易出现错误和延误。

现代物流的信息管理广泛应用信息技术，可通过物流信息系统、电子数据交换、全球定位系统、物联网等技术，实现物流信息的自动化和智能化。现代物流企业通过优化物流信息系统，提高物流信息的透明度和可控性，为物流管理提供科学的决策支持。例如，通过实施物流信息系统，现代物流企业可以实时监控物流活动的各个环节，提高物流信息的及时性和准确性，提升物流系统的整体效率和服务水平。

4．服务内容

传统物流主要提供运输和储存服务，服务内容单一。传统物流企业的主要任务是将货物从一个地点运输到另一个地点，并在运输过程中提供必要的储存服务。

现代物流可提供多样化的服务，包括增值服务、定制化服务、综合物流服务等，满足客户的多样化需求，提高客户满意度。现代物流企业不仅提供基础的运输和储存服务，还提供流通加工、包装设计、货物保险、信息查询等多种增值服务，提升物流服务的附加价值和市场竞争力。例如，提供定制化物流解决方案，现代物流企业可以根据客户的具体需求，设计和实施个性化的物流服务，提高客户满意度和忠诚度。

5. 客户关系

传统物流的客户关系管理相对简单，主要依靠价格和服务质量来维持客户关系。传统物流企业与客户之间的互动较少，客户满意度和忠诚度受到限制。

现代物流的客户关系管理强调客户导向，通过提供高质量的物流服务，提高客户满意度和忠诚度。现代物流企业通过客户关系管理系统，实现客户信息的全面管理和分析，提供个性化的服务和支持，提升客户的忠诚度。例如，通过客户关系管理系统，现代物流企业可以实时了解客户的需求和反馈，优化物流服务，提高客户满意度和忠诚度。

6. 供应链管理

传统物流的供应链管理相对简单，主要关注企业内部的物流活动，各个物流环节彼此独立，缺乏系统性和协调性。传统供应链管理的信息化程度较低，管理效率和效果受到限制。

现代物流的供应链管理强调系统化和综合化，可通过供应链管理系统，实现供应链上下游的协调运作和资源的最优配置。现代物流企业通过优化供应链管理，可以提高供应链的整体效率和竞争力。例如，通过供应链管理系统，现代物流企业可以实现供应链各环节的信息共享和协同运作，提高供应链的响应速度和灵活性，降低供应链的成本和风险。

第三节　现代物流的发展及展望

一、现代物流的发展模式

（一）企业物流模式

1. 企业物流系统的输入——供应物流

企业供应物流是指企业负责生产所需的一切生产资料的采购、进货运输、仓储、库存管理、用料管理和供料运输。供应物流与生产系统、搬运系统、财务系统等企业内部及企业外部的资源市场、运输条件等密切相关。在2021年12月正式实施的《中华人民共和国国家标准：物流术语》中，对供应物流的定义是，为生产企业提供原材料、零部件或其他物品所发生的物流活动。

企业的生产是以充足的原材料、燃料、辅料、零部件等为前提的。这些物料如果没有及时到位，生产就不能进行。可见，原材料、燃料、零部件、辅料的及时和充足供应对生产起着重要作用。

一般来说，企业采购的零部件和辅料要占到最终产品销售价值的40%~60%。这意味着，在获得物料方面所做的成本节约对利润产生的影响，要大于企业其他领域相同数量的节约给利润带来的影响。同时，企业作为大批量商品生产的主体，也需要大批量商品的采购。例如，一辆典型的家用四门轿车包括6000多个零部件，货车的零部件总数达到7000~8000个。这么多的零部件都是通过采购获取的。汽车装配线的正常运行需要强有力的供应活动来保证。

人们对供应物流的认识经过了购买、采购、供应三个阶段。人们对供应物流的最初认识就是购买，当然，购买行为比较简单，是最原始的阶段。第二个阶段是采购，采购的外延比购买广泛，包括购买、储存、运输、接收、检验、废料处理。近年来，随着供应链管理的兴起，"供应"一词正在逐步取代"采购"。供应是采购部门实现业务增值的活动，它是以流程为导向的，不断强化与供应商的关系。

（1）供应物流的基本程序

供应物流的基本程序是先取得资源，然后将所需资源合理组织到企业，再根据企业内各部门的需要组织内部物流（见图1-1）。

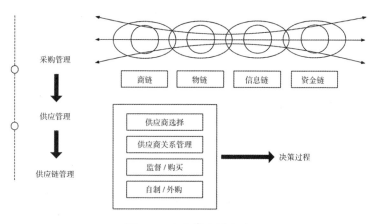

图1-1　企业供应链变化

（2）供应物流的组织模式

企业的供应物流有以下三种组织模式：

①委托社会销售企业代理供应物流。

②委托第三方物流企业代理供应物流。

③企业自供物流。

2．企业物流系统的转换——生产物流

不同的生产过程有着不同的生产物流，生产物流的模式取决于下列因素。

（1）生产类型

企业的生产类型是产品的产量、品种和专业化程度在企业技术、组织和经济上的综合反映和表现。它在很大程度上决定了企业和车间的生产结构、工艺流程和工艺装备的特点。生产过程的组织形式及生产管理方法也决定了与之匹配的生产物流类型。不同的生产类型，它的产品品种、结构的复杂程度、精度等级、工艺要求以及原料准备等均不相同。这些特点影响着生产物流的构成以及构成要素相互间的比例关系。在通常情况下，企业的产品产量越高，产品的品种就越少，生产专业化程度也就越高，而物流过程的稳定性和重复性也就越大；反之，企业生产的产品产量越低，产品的品种就越多，生产的专业化程度也越低，而物流过程的稳定性和重复性也就越小。可见，物流类型与决定生产类型的产品产量、产品品种和专业化程度有着内在的联系，并对生产组织产生不同的影响和要求。

（2）生产规模

生产规模是指单位时间内的产品产量，通常以年产量来表示。生产规模越大，就说明生产过程的构成环节就越齐全，物流量也就越大。如大型企业铸造生产中有铸铁、铸钢、有色金属铸造之分。反之，生产规模越小，生产过程的构成环节就没有条件划分得很细，物流量也就较小。

（3）企业的专业化与协作水平

企业的专业化和协作水平提高，其内部生产过程就趋于简化，物流流程就会缩短。某些基本工艺阶段的半成品，如毛坯、零部件等，就可由其他专业工厂提供。

合理组织生产物流的要求如下：

第一，物流过程的连续性。企业生产是一道工序、一道工序地往下进行的，因此就要求原料能顺畅地、最快地、最节省地走完各个工序，直至成为产品。每个工序的不正常停工都会造成不同程度的物流阻塞，影响整个企业生产的进行。

第二，物流过程的平行性。一家企业通常要生产多种产品，每一种产品又包含着多种零部件。在组织生产时，企业要将各个零部件分配在各个车间的各个工序上，因此就要求各个支流平行流动，如果一个支流发生问题，整个物流都会受到影响。

第三，物流过程的节奏性。物流过程的节奏性是指在产品生产过程中的各个阶段——从投料到最后完成入库——都能保证按计划地、有节奏地、均衡地进行，要求在相同的时间间隔内生产数量大致相同，能够均衡地完成生产任务。

第四，物流过程的比例性。组成产品生产过程的各个物流量是不同的，而且有一定的比例，因此形成了物流过程的比例性。

第五，物流过程的适应性。当企业产品更新换代或品种发生变化时，生产过程应具有较强的应变能力。也就是说，生产过程应具备在较短的时间内由一种产品的生产转化为另一种产品的生产能力。物流过程应同时具备应变能力，与生产过程相适应。

3．企业物流系统的输出——销售物流

销售物流是生产企业、流通企业在出售商品时，商品从供方向需方的实体流动。

销售物流有三种组织模式：

①由生产者企业自己组织销售物流。

②委托第三方组织销售物流。

③由购买方上门取货。

（二）绿色物流模式

1．绿色物流概述

绿色物流是指以减少资源浪费、减轻环境污染、减少资源消耗为目标，利用先进物流技术规划和实施物资的运输、储存、包装、装卸、流通加工等的物流活动。它也是一种快捷有效的针对绿色产品和服务的流动绿色经济管理活动，也可称为环保物流。总之，那些不会有损生存地域环境的物流都被称作绿色物流。专业物流企业是绿色物流的主要行为主体，相关生产商、销售商、客户等也与其有所关联。

常见的物流活动的目标有实现企业的销售盈利、提高企业的服务水平、满足

客户所需、提高行业占有率等，这些都是为了提高企业经济效益。与常见的物流活动不太相同，绿色物流除了实现常见目标外，还不断追求节能、节源与环境保护这类社会经济性目标。值得一提的是，从企业利益视角出发，节约资源、保护环境与获得经济利益，这三者的目标实际上是相同的，不过对于某些特定的物流公司而言，这三者是相反的、矛盾的。绿色物流不单单具有一般物流的特点，还具有多目标性、多层次性、时域性和地域性等特点。

（1）多目标性

多目标性意味着企业在进行物流活动时，需要立足实际，坚持走可持续发展之路，增强保护生态环境的意识，追求经济效益和生态环境的有机结合，实现经济效益、顾客利益、社会效益与生态环境效益四者的协同发展。另外，绿色物流的各个目标既相互矛盾又相互制约，如果某个目标达成度提高，那么其他目标的达成度就会下降。所以，绿色物流必须解决的问题是，如何从可持续发展的角度出发，以生态环境效益为基准，促使其他三个效益得到发展，实现多目标的平衡协调。

（2）多层次性

绿色物流的多层次性包括下列内容：

第一，从管理和控制主体出发，绿色物流系统可划分为宏观层次的社会决策层、中观层次的企业管理层和微观层次的作业管理层。社会决策层通过制定政策来进行绿色观念的宣传；企业管理层则是与其他企业进行合作，一同完成双方供应链的优化升级，实现对企业绿色物流系统的规划和控制，从而创造高效的循环物流系统，实现资源的优化再利用；作业管理层是绿色化物流过程，在包装、运输方面实现环保绿色化以及流通加工绿色化等。

第二，从系统的角度来看，多个单元（或子系统）构成了绿色物流系统，包括绿色包装子系统、绿色存货子系统以及绿色运输子系统等。也可以从不同的角度，对子系统进行更为细致的分类，各个子系统有着各自的层次，和不同层次的子系统相辅相成，最终形成一个有机系统。这个有机系统能够优化自身结构，促进绿色物流系统的进一步完善，最终实现绿色物流系统的整体目标。

（3）时域性和地域性

时域性就是指绿色物流管理活动贯穿于产品生命周期的全过程，包括从原料供应、生产、成品的包装、运输、分销，直到报废、回收的整个过程。地域性的表现形式有两种：一种是因为经济全球化，世界各地联系密切，绿色物流活动早已不再受空间限制，跨地域发展迅速；另一种是指绿色物流管理活动不能单单依靠一个或几个企业的力量，它需要供应链上所有企业的积极响应和参与。

2．发展绿色物流的价值

发展绿色物流不仅有利于生态环境建设与循环经济的优化发展，还能提高企业的经济效益。企业要想提高经济效益，发展绿色物流不失为一个好方法。

（1）绿色物流的社会价值

绿色物流始终贯彻减少环境污染、实现生态环境和谐这两个原则。发展绿色物流不仅可以加快循环经济的发展步伐，还有利于社会文化与社会经济的建设。企业实施物流绿色化管理不仅能带来经济效益，还能树立良好的企业形象，提升企业信誉，履行企业责任。

发展绿色物流给企业带来的社会价值具体表现在以下方面：①企业发展绿色物流不仅能给企业带来经济效益，也能使企业树立良好的形象，有利于企业提升信誉。企业管理学提出，企业不应单单注重经济效益，更应该将树立企业形象放在重要位置上，提升企业信誉，履行社会责任。②实施绿色物流管理的企业可以得到ISO14000环境管理系列标准认证，这一认证会吸引消费者主动购买其产品，从而使企业提高知名度，为社会做更大贡献。

（2）绿色物流的经济价值

生态系统与经济系统之间存在固有的平衡联系。在严格的环境标准下，企业会选择环保的物流方式，也在一定程度上迫使自身提高资源利用率，进而减少成本费用，在竞争者中脱颖而出。因此，解决环境问题的结果是利大于弊的，虽然此举增加了成本，但环境问题的解决会提高经济效益，给企业带来发展机遇，提高企业竞争力。

实施绿色物流管理为企业创造的经济价值体现在：①绿色物流可以帮助企业树立良好形象，推动企业文化建设，打造品牌。②有利于企业提高资源利用率，节约资源，制定科学合理的运输方式与产品库存方案，在降低物流成本的同时，提高工作效率，使企业获得更多经济效益。③回收、再利用自然资源，发展逆向物流，促进资源、能源的循环再利用，降低企业原材料成本，提高企业服务质量。

3．绿色物流系统

（1）绿色采购物流

绿色采购物流是指原材料采购活动的绿色化，还有对绿色供应商的评价选择、采购运输活动的绿色化。在绿色采购物流中，供应商提供的绿色原材料十分重要，因为它决定了产成品的绿色化程度。

企业在选择产品的原材料和零部件时，首先要考虑其安全性还有环保性，确保用户的使用安全及废物的回收利用，减少污染和浪费，实现绿色环保。所以绿色采购物流的第一步，也是首要任务，就是要正确选择绿色原材料，避免使用会对环境产生不良影响的原材料。

绿色采购物流的第二步就是对供应商进行绿色性评价对比，从原材料特性出发，选出最佳供应商。评价分为组织过程的评价和产品的评价两方面，前者主要是进行管理系统、环境业绩还有环境审核的评价；后者则是对产品的生命周期、商标还有产品标准进行评价。

绿色采购物流的第三步就是绿色化采购活动。企业要抛弃只注重降低采购费用的观念，采购原材料的过程同样值得重视，在包装和运输原材料时，要采用绿色环保的包装及运输方式，如降低运输次数、使用可重复利用的包装、货物一贯式运输、集装箱运输、回程管理、降低公路运输的比例等。

很多成功的企业都十分重视对供应方的评估。曾经，美国通用电气公司前期忽视了生产环保性，只注重降低原材料的采购成本，导致产品中后期出现了问题，不仅增加了处理费用，也阻碍了公司的发展。不过近年来，该公司做出了一系列改变和调整，不仅开始注重原材料采购的绿色性，还提高了供应方的选择标准，将环境评估放在首要位置。这一措施大大减少了公司产生的环境污染问题，降低了公司中后期的处理成本。虽说前期投资较大，不过在中后期得到了补偿，提高了产成品的质量，进而提升了公司的经济效益。

（2）绿色生产物流

生产物流是生产的重要组成部分，如运输物料、存储装卸物料等。生产物流系统和生产制造之间的关系就像人身体的血液循环系统和内脏器官，生产物流系统不仅仅是生产制造流程之间的连接纽带，也是生产作业活动顺利进行的保证。生产物流系统具有环节多、生产线长、覆盖面广以及生产规模大的特性。由于生产物流活动效率较低，资源浪费较为严重，物流成本几乎占生产成本的

20%～30%。

如青特集团有限公司（以下简称"青特集团"），是一家综合性大型企业集团，集专用车生产、铸造、锻造、机械加工、房地产开发、工程施工、国际贸易等为一体。青特集团将进行机械加工作业产生的铁屑、边角料和其他废品进行回收利用，显著提高了资源利用率。将可以再使用的下脚料、边角料尽量投入再制造环节，将不能使用的废弃钢材收集起来，熔炼成铁水后再生产其他铸造件。对于报废的元器件，采用分解处理，以回收利用有效的零部件。例如，大量的旧铝线、铜线，若直接报废，将是很大的浪费。

（3）绿色销售物流

企业实现绿色原料采购与产品绿色化后，还要进行销售绿色化。要想实现销售绿色化，企业就要考虑到销售过程的复杂性，制定高效的销售方案。第一，优化线路，合理规划分销网络，优先考虑绿色环保的运输方式；第二，对产品的物流包装确定规范标准，不仅要确保产品的安全性，还要使包装尽量简单化、标准化，最好可以实现再利用，减少浪费。特别要重视食品类销售，因为食品类销售要求较高，要最大限度地保障食品的安全性和绿色性。

如中国绿色食品总公司生产的"天地生"品牌蔬菜，为了发挥专业化分工的优势，缩短流通渠道，保证绿色品质，该公司在北京设立了配送中心，配送中心负责流通加工、分级、包装、贴标签、储藏、保鲜、运输等，同时还进行形象建设，加大宣传力度，与零售商协调关系等，保证企业绿色战略的实施。

二、现代物流的发展方向

（一）现代物流发展领域

1．绿色物流

绿色物流是指以减少对环境的污染、减少资源消耗为目标，利用先进物流技术规划和实施物资的运输、储存、包装、装卸、流通加工等的物流活动。它连接了绿色供给主体和绿色需求主体，是一种有效的、快速的商品和服务的绿色经济管理活动，也可称之为环保物流。为了可持续发展，我们在进行与物流相关的生产活动时，应该做到尽量不破坏生态环境，只有这样才能在促进经济增长的同时保障人类长远发展。目前，越来越多的国家认识到保护环境、发展绿色物流的重要性，在制定物流方面的法律法规时，都对环保运输、物资循环利用等进行了规定，并对企业开展绿色物流提出了一定的要求。

2．低碳物流

随着二氧化碳排放日益增多，臭氧层被破坏，气候问题越来越严重，全球开始兴起"低碳革命"，人们逐渐适应了低排放、低污染、低能耗的低碳生活方式。低碳物流成为物流发展的新浪潮。物流必须走低碳化道路，着眼于发展绿色物流服务、低碳物流和低碳智能信息化，只有这样才能促进物流行业向高端服务业发展。然而，如何让企业真正认识到低碳物流的作用，了解低碳物流的发展前景，并根据企业实际情况制定合理的低碳物流行业标准，是决定低碳物流能否得到贯彻落实的重要因素。

3．电子商务物流

电子商务物流是随着Web 3.0的发展与信息技术的进步，由互联网平台带动发展起来的物流新商业模式，故又称网上物流。物流企业可以通过相关的物流平台公布自身信息与物流业务，使其能被全国甚至全球范围内的客户认识和了解。同样，有运输需求的货主可以通过互联网平台选择合适的物流公司。互联网平台致力于为有物流需求的货主与能够提供物流服务的物流公司提供一个可信赖的、方便的、快捷的、自由的线上沟通交易场所。目前，越来越多的物流企业通过网上交易平台找到了客户，扩充了业务，扩大了市场范围。互联网时代的到来给物流企业与货主带来了新的发展，提供了更多的机会。

4．物流金融

物流金融是物流在运营过程中，通过应用和开发各种金融产品，有效地组织和调剂物流领域中货币资金的运动。这些资金运动包括企业物流活动中的各种存款、贷款、投资、信托、租赁、抵押、贴现、保险、有价证券发行与交易以及金融机构所办理的各类涉及物流企业的中间业务等。

5．众包物流

众包物流是一种全新的、社会化的物流服务模式，是指发包方利用网络平台将物品派送任务外包给不固定的、具有闲置时间和劳动能力的社会大众群体。它是共享经济环境下依托互联网平台出现的新兴物流模式，能够降低物流配送成本、提高物流配送效率。与传统物流模式相比，众包物流具有获取外部信息迅速、配送过程灵活的优势。我国已涌现出一批具有一定规模的众包物流服务公司。

（二）物流运作系统化

现代企业呈现出物流运作系统化的发展趋势，主要表现在以下几个方面。

1．物流目标合理化

物流管理的具体原则有很多，但最根本的指导原则是保证物流目标合理化的实现。企业从系统角度统筹规划各种物流活动，必须设立合理的物流目标，理顺物流活动过程中各环节、各功能要素之间的关系，通过企业物流资源的有效配置，形成高效的物流运作体系，实现物流活动的整体优化。

2．物流作业规范化

企业物流更加强调物流的作业流程、作业方法、作业标准，使复杂的物流操作变成简单的、易于推广和考核的物流作业，不断提高物流作业的质量和效率。

3．物流功能集成化

现代通信技术和信息技术的发展，为企业集成多种物流功能提供了技术支持。企业物流不仅要提供单一的仓储、运输、包装功能等服务，还必须开展以供应链为基础的物流功能的集成和整合。其主要包括物流渠道的集成、物流功能的集成、物流环节的集成等。

4．物流技术一体化

企业物流必须使用先进的物流技术、设备与管理为生产经营提供服务，并以现代信息技术为基础，融合各种先进物流技术，实现企业物流技术一体化。

（三）物流合理化

1．什么是物流合理化

所谓物流合理化，就是对物流设备配置和物流活动进行调整和改进，从而实现物流系统整体优化的过程。它具体表现在兼顾成本与服务上。物流成本是物流系统为提高物流服务所投入的活劳动和物化劳动的货币表现，物流服务是物流系统投入后的产出。

合理化是指投入和产出比的合理化，即以尽可能低的物流成本，获得可以接受的物流服务，或以可以接受的物流成本达到尽可能高的服务水平。

2．物流合理化的基本思想

物流活动各种成本之间存在着此消彼长的关系，物流合理化的一个基本思想就是"均衡"，从物流总成本的角度权衡得失。例如，对物流费用的分析，均衡的观点是从总物流费用入手，即使某一物流环节要求高成本，如果其他环节能够降低成本或获得利益，就可以认为是均衡的，是合理、可取的。

在物流管理实践中，要切记物流合理化的原则和均衡的思想，做到不仅要注意局部的合理化，更要注重整体的均衡。这样的物流管理对于企业最大经济效益的取得才是最有成效的。

（四）物流服务网络化

物流服务网络化主要表现在以下几个方面。

1．增加便利的物流服务

一切能够简化手续、简化操作的物流服务都是增值性服务。在提供电子商务方面的物流服务时，提供完备的操作或作业提示、免费培训、免费维护、省力化设计或安装、代办业务、单一接触点、24小时营业、自动订货、物流全过程追踪等都是物流增值性服务。

为此，企业必须重新设计适合生产经营需要的物流渠道，优化物流服务网络系统，减少物流环节，简化物流流程，提高物流服务系统的快速反应能力。

2．降低成本的物流服务

企业需要不断降低物流服务成本。企业必须考虑采用供应链管理办法，建立系统各方相互协作的物流服务网络，采取物流共同化计划，通过采用先进的物流技术和设备，推行物流管理技术，提高物流的效率和效益，不断降低物流成本。

3．延伸功能的物流服务

企业物流强调对物流服务功能的恰当定位，使之完善化、网络化，除了一般的储存、运输包装、流通加工等服务，还应将功能扩展至市场调查与预测、采购及订单处理、物流管理咨询、物流方案的选择与规划、库存控制的策略与建议、货款回收与结算、教育与培训、物流系统设计与规划方案的制作等。

4．强化支持的物流服务

企业为了保证向生产经营活动提供快速的、全方位的物流支持，必须强化、完善和健全物流服务网络体系，实现物流服务网络的系统性和一致性，以保证整个物流网络得到优化。企业只有形成物流服务网络，才能满足现代生产经营的需要。

（五）物流管理信息化

当代企业物流的发展呈现出物流管理信息化的趋势，主要表现在以下三个方面。

1. 改造传统企业物流管理

物流管理是一门专业性非常强的技术，但从物流过程来说，80%的物流程序是相似的，可以通过技术手段设计物流专家管理系统，为传统企业改善物流管理提供指导。

在企业录入生产计划和销售计划后，物流专家管理系统可以为企业特别设定物流管理方案，供企业参考运行。除此之外，该系统还可以根据企业相关计划的调整，对方案进行修正，从而实现物流管理信息化。

2. 降低企业生产经营成本

随着电子商务的发展，出现了越来越多的B2B交易平台，为传统企业提供了丰富多样的贸易机会，大大降低了企业的采购和销售成本。任何有物流需求的企业都可通过平台进行低成本物流信息交换，并通过平台进行全球低成本营销，拓展业务和市场，借助网络媒体的互动性，实现网上宣传和网上营销的一体化。

3. 完善企业物流管理信息网络

通过有效的信息渠道，可以将物流过程中的实物库存暂时用信息代替，形成信息虚拟库存，建立需求端数据自动收集系统，在供应链的不同环节采用EDI交换数据，建立基于互联网平台的数据实时更新和浏览查询、共用数据库、共享库存信息的物流管理信息系统。

企业应不断提高物流信息处理功能，对各个物流环节、各种物流作业的信息进行实时采集、分析、传递，并为管理提供各种作业明细信息及决策信息。

三、现代物流发展趋势

（一）物流管理转变

物流管理由对货物的管理转变为对货物的价值方案进行设计和管理。现代物流可以为货主提供差异化、个性化、全球定制化的服务，客户关系管理变得越来越重要。

（二）由对立转向联合

在传统的物流模式中，企业以自我为中心，片面地追求自身利益，容易造成不同企业相互对立的现象。然而，在竞争压力的驱使下，越来越多的企业开始进行商业流通机能整合，通过协调规划与共同作业形成高度联合的供应链联盟，使联盟内部所有企业的整体绩效和竞争优势得到提升。

（三）由预测转向共享

在传统物流模式中，物流企业经常通过预测供应链下游企业的资源来制定各项物流作业活动计划，然而受不确定因素影响，预测不准确的风险较大，造成了许多资源浪费。在现代物流发展背景下，企业强调供应链成员的联合机制，各个供应链成员企业间共享企业信息，尤其是内部需求及生产资料，物流企业根据得到的具体信息与实际需求进行物流活动。

（四）由绝对价值转向相对价值

传统成本评价只看一些绝对性的数值，新的价值评估方法关注相对价值的创造，即将更多的精力用在客户产生的增值价值上。

（五）由功能协调转向程序协调

在竞争日益激烈的市场环境中，企业必须加快响应上下游客户的需要，必须有效地整合各个运营部门，并以程序式的操作系统来运作。物流活动一般具有跨企业的特性，故程序式整合是物流管理的重点。

（六）由纵向整合转向虚拟整合

在传统商业模式中，一些大企业将所有的运营活动都进行纵向整合，以获取更大的控制权，然而这样容易分散企业的资源，降低企业用于核心业务的能力。如今，企业逐渐更加专注于核心业务的发展，而将非核心的物流业务通过外包的形式委托给专业管理公司，形成虚拟企业整合形式，使企业有更多的资源为客户提供更加优质的服务。

（七）由信息封锁转向信息分享

在供应链管理结构下，供应链内的企业必须将供应链整合所需的信息与其他企业共享，否则无法形成有效的供应链体系。

（八）由管理会计转向价值管理

未来企业将会使用更多的资源建立基本会计系统，着重提供企业增值创造与跨企业的管理信息，以期能确认可以创造价值的作业，而不仅仅关注收益及成本。

第二章
现代物流与信息技术论述

第一节　信息与物流信息

一、信息

（一）信息的概念及其特点

信息是客观世界中各种事物的存在方式和运动变化规律以及这种方式和规律的表征与表述。对于信息的定义呈现出多定义而又无定论的局面，这一局面是观察事物的多维视角造成的。多维视角是现代自然科学、社会科学、人文科学以及横向科学研究的一个显著特点，因此，不同学科有不同的信息定义。即使是同一学科，也可能出现差异很大的命题。在信息的定义这一问题上，也是如此。自然科学、社会科学中所说的信息常常不是一回事，前者多指数据、指令，后者多指消息、情报。即便如此，同属社会科学的消息、情报与信息也有一定的差别。

信息化的创始人香农（Claude Elwood Shannon）和韦弗（Warren Weaver）1948年在《通信的数学理论》中指出："凡是在一种情况下能减少不确定性的事物都叫作信息。"这一定义是从通信科学的角度来探讨信息概念的，是排除了信息的语义因素的定义，不考虑信息的含义价值，特指一种形式信息和统计概率信息，因此不能直接用于研究人类的信息传播。但这一定义指出了信息的价值——减少不确定性，这是信息的认知知识功能，即当一条信息为人们所感知和确认后，这一信息就成为一定意义上的知识，形成的知识又可以作为信息来传递（冗余信息）；而尚未被认识的信息，则成为人们努力探讨的对象，在尚未认识它们之前，它们还不是知识（未知信息）。

在我国的《情报与文献工作词汇基本术语》中，对"信息"的解释为：信息是物质存在的一种方式、形态或运动状态，也是事物的一种普遍属性，一般指数据、消息中所包含的意义，可以使消息中所描述事件的不确定性减少。这个定义首先明确了信息的本质是物质的属性，而不是物质实体本身。客观存在的一切事物，包括自然界、人体本身和人类社会，都在不断运动着。运动的物质，必然会产生相互作用和影响，从而引起物质结构、数量等多方面的变化。事物的这些变化，便成为信息产生的物质基础。因此，信息不是事物本身，而是由事物发出的数据、消息中所包含的意义。

首先，这个定义弥补了信息论中对信息定义的特定指向性——只描述了非人类、非语义层的信息概念，把信息这一概念放到人类社会以及人类交往中考察，也纠正了控制论信息定义中对信息概念的泛化倾向，继而明确指出信息是物质的属性，而不是事物本身，是由事物发出的消息、指令、数据、信号等所包含的内容，是数据、消息中的意义。同时，这一定义明确了信息的认知知识的功能，即能减少不确定性的能力，可以说，信息是知识的源泉，知识是对所获得的信息进行处理并使之系统化的结果。这是信息的基本功能，是人类解释客观世界发展规律的重要途径。知识的积累、科技的发展进步、经济文化的繁荣，都离不开信息的这一功能，在大脑对信息进行鉴别、筛选、归纳、提炼和存储后，人类对客观世界的认识逐步深入，人类逐步进化、进步、发展。其次，这一定义明确了信息是指数据与消息中所包含的意义，区分了信息与讯息，从结构上使信息的概念更加准确。信息包含了人们以往不知道或者不能确定的东西。因此，消息、新闻、报道、资料、情报都是一种信息。知识也是一种信息，是经过人们提炼、加工、系统化了的信息。信息只有通过交流才能发挥效益。只有当信息借助载体进行传播的时候，信息才具有实际意义。通过信息交流，人们能够了解别人，认识世界，并传达自己的思想，正是信息的广泛传播，使人类区别于任何其他动物而具有发达的智慧，改变着这个世界，也改变着我们的生活。一般地讲，信息具有六个特点。

①客观真实性。信息是事物的存在方式和运动变化的客观反映，客观真实性是信息最重要的本质特征。

②传递性。传递性是信息的基本要素和明显特征。信息只有借助一定的载体（媒介），经过传递才能为人们所感知和接受。没有传递就没有信息，更谈不上

信息的效用。

③时效性。信息的最大特点在于它的不确定性，千变万化、稍纵即逝。信息的功能、作用、效益都是随着时间的延续而改变的，此即信息的时效性。时效性是时间与效能的统一性，它既表明信息的时间价值，也表明信息的经济价值。一则信息如果超过了其价值的实用期就会贬值，甚至毫无用处。

④有用性（或称目的性）。信息是为人类服务的，它是人类社会的重要资源，人类利用它认识和改造客观世界。

⑤可处理性。这一特征包括多方面内容，如信息的可拓展、可引申、可浓缩等。这一特征使信息得以增值或便于传递、利用。

⑥可共享性。信息与一般物质资源不同，它不属于特定的占有对象，可以为众多的人共同享用。实物转赠之后，就不再属于原主，而信息通过双方交流，两者都有得无失。这一特性通常以信息的多方位传递来实现。

（二）信息的分类及其功能

1. 信息的分类

（1）按照信息的发生领域分类

按照信息的发生领域，可将信息划分为物理信息、生物信息和社会信息。

①物理信息是指无生命世界的信息。如形形色色的天气变化、地壳运动、天体演化等现象。无生命的世界每时每刻都在产生大量的信息。只是由于条件的限制，我们对于这类信息现象的认识还远远不够。

②生物信息是指生命世界的信息。有关实验研究表明，植物之间存在着信息交换现象，植物能够感知并传递信息。动物之间更是有着特定的信息联系方式，各类动物都有自己交换信息的"语言"。而遗传信息则是生命进化的重要原因。没有信息，就没有丰富多彩的生物界，更不会出现人类社会。

③社会信息是指社会上人与人之间交流的信息，包括一切对人类社会运动变化状态的描述。按照活动领域，社会信息又可分为科技信息、经济信息、政治信息、军事信息、文化信息等。社会信息是人类社会活动的重要资源，也是社会大系统的一类构成要素和演化动力。因此，社会信息是信息管理的主要对象。

（2）按照信息的表现形式分类

按照信息的表现形式，可将信息划分为消息、资料和知识。

①消息是关于客观事物发展变化情况的最新报道。消息反映的是事物当前的

动态信息，因此生存期短暂，有较强的时效性，主要用于了解情况，为决策提供参考。

②资料是客观事物的静态描述与社会现象的原始记录。资料反映的是客观现实的真实记载，因此生存期长久，有较强的累积性，主要用作论证的依据。

③知识是人类社会实践经验的总结，是人类发现、发明与创造的成果。知识反映的是人类对客观事物的普遍认识和科学评价，因此对人类社会活动有重要的意义。人类通过学习和掌握知识，可以增长才能，提高决策水平，从而更有效地开展各项社会活动。

（3）按照主体的认识层次分类

按照主体的认识层次，可将信息分为语法信息、语义信息和语用信息。

①语法信息只是对客观事物形式上的单纯描述，只表现事物的现象而不深入揭示事物发展变化的内涵及意义。这一层次涉及可能出现的符号的数目，信源的统计性质、编码系统、信道容量等，主要研究信道传递信息的能力，设计合适的编码系统，以高度的可靠性快速有效地传递数据，这些都是通信工程所关心的问题。

②语义信息是信息认识过程的第二个层次。它是指认识主体所感知或所表述的事物的存在方式和运动状态的逻辑含义。换言之，语义信息不仅反映了事物运动变化的状态，而且揭示了事物运动变化的意义。从信源发出的数则消息，如果只是从通信符号的统计数量上看，其信息量可能相等，但信息量相等的消息，其意义却可以是完全不同的。在信息检索中就要考虑到信息的语义问题。

③语用信息是信息认识过程的最高层次。它是指认识主体所感知或所表述的事物存在方式和运动状态，相对于某种目的所具有的效用。换言之，语用信息就是指信源所发出的信息被信宿接收后将产生的效果和作用。同语义信息相比，它对信息的依赖性更强，而且与信息传递时间、地点、环境等有着密切的关系。信息管理关注的主要是语用层次上的信息现象。

2．信息的功能

（1）信息的中介功能

信息的中介功能是指信息是人类认识客观世界的中介物。信息作为中介，贯穿于人类认识世界和改造世界的全过程。在管理实践中，信息的中介功能主要表现为：管理者对管理客体的认识，是通过对管理客体所发出的信息进行接收、加工之后而感知的；是依据对管理客体信息的分析和加工，形成新的更高层次的认识，然后通过实践反作用于管理客体，对组织进行管理，进而实现组织的目标。

（2）信息的诱导功能

当信息被信息接收者接收后，该信息会立即在信息接收者的头脑中占据一定的位置，并使信息接收者将自己头脑里的需求信息与之相联系，从而使信息接收者产生某种动机或感受。当这种新的动机占据主导地位时，信息接收者将产生该信息所能导致的行为。这就是信息诱导功能产生的机制。

（3）信息的资源功能

其又被称为经济功能，是指信息具有促进社会经济发展以及产生和增强经济效益的功能。首先，利用信息可以直接创造财富。使用信息可以将非资源转化为资源进而创造财富；使用信息可以取代劳动力、资金和材料，替代传统资源而创造财富；许多信息本身就是商品，可以在市场上进行流通而创造财富；使用信息可以加快决策速度和保证决策正确，从而降低时间成本和减少决策失误进而创造财富。其次，利用信息可以间接创造经济价值。将信息要素注入生产力系统，可以提高劳动者的素质，缩短劳动者对生产对象的认识及熟练的过程，引发对生产过程、生产工具、操作方法、工艺技术和原材料使用的变革与创新，提高生产力系统的质量和效率，间接创造经济价值。最后，利用信息可以使国民经济产业结构合理化，使产业结构与国民经济发展相适应，使各产业部门之间更加协调。利用信息还有利于产业结构的高级化、劳动就业结构的高级化，以及投资结构、消费结构和贸易结构的高级化。

二、物流信息

（一）物流信息的概念及其特点

《中华人民共和国国家标准：物流术语》（GB/T 18354—2006）对物流信息的定义为：物流信息是反映物流各种活动内容的知识、资料、图像、数据、文件的总称。在物流活动的管理与决策中，运输工具的选择、运输线路的选择、仓储的库存管理与控制、订单的处理等都需要准确的物流信息，物流信息对运输、仓储、配送等物流活动工具有支持、保障的作用。

物流信息一部分直接来自物流活动本身，另一部分则来自商品交易活动和市场。因此，物流信息的定义可以从狭义和广义两个方面来理解。狭义上的物流信息是指直接产生于物流活动的信息，如在运输、保管、包装、装卸、流通加工等活动中产生的信息。在物流活动管理与决策中，如运输工具的选择、运输路线的确定、每次运送批量的确定、在途货物的跟踪、仓库存储的有效利用、最佳库存数量的确定、订单管理、顾客服务水平的提高等，都需要详细、准确的物流信息。因为物流信息对运输管理、库存管理、订单管理、仓库作业管理等物流活动具有支持、保障的作用，所以广义上的物流信息不仅指与物流活动有关的信息，而且还包括与其他流通活动有关的信息，如商品交易信息和市场信息等。商品交易信息是指与买卖双方的交易过程有关的信息，如销售和购买信息、订货和接受订货信息、发出货款和收到货款信息等。市场信息是指与市场活动有关的信息，如消费者的需求信息、竞争者或竞争性商品的信息、与销售活动有关的信息、交通通信等基础设施信息。在现代经营管理活动中，物流信息与商品交易信息、市场信息相互交叉、融合，有着密切的联系。

物流信息与商品信息及市场信息相比，具有以下四个特征。

1．量大、面广

物流是大范围内的活动，在运输、仓储、包装、装卸搬运、流通加工、配送等环节产生大量的物流信息且分布于厂商、仓储或堆场、物流中心、配送中心、分销商、客户等不同的物流节点，因此，物流信息涉及面广、信息量大。

2．动态、适时

市场竞争状况、客户需求的变化及物流活动的频繁发生会使物流信息瞬息万变，呈现一种动态性。物流信息价值也会随时间的变化不断贬值，表现出适时性。我们只有及时掌握瞬息万变的物流信息，才能为物流管理决策提供依据。

3．类多、复杂

物流信息不仅包括企业内部的物流信息，而且包括企业间的物流信息，包括与物流活动相关的基础设施、市场等多方面的信息。随着物流业的发展，物流信息种类将更多，来源将更复杂多样。

4．共享、标准

现代物流信息涉及多个国家、多个企业、多个部门，在市场活动中各国家、企业、部门之间需要进行大量的信息交流。为了实现不同系统间的物流信息共享，必须采用国际或国家信息标准。

（二）物流信息的分类及其作用

1. 物流信息的分类

物流信息的种类繁多，按照不同的标准，可以进行不同的分类。

（1）按照信息的加工程度分类

根据信息的加工程度，物流信息可以分为原始的物流信息和经过加工的物流信息。原始的物流信息是通过物流活动直接反映出来的信息，是没有经过加工的初级物流信息；经过加工的物流信息是按照一定目标要求，加工处理后得到的物流信息。

（2）按照信息的用途分类

根据信息的用途，物流信息可以分为计划信息、控制与作业信息、统计信息。计划信息是被当作目标加以确认的信息，例如，仓储计划、物流设施设备建设计划等，这类信息相对稳定，变动频率较小；控制与作业信息是在物流业务操作过程中产生的信息，这类信息动态性较强；统计信息是在物流活动整个流程结束后，对整个物流活动做出总结、归纳所产生的信息，这类信息具有一定的规律性。

（3）按照信息的作用层次分类

根据信息作用的层次，物流信息可分为基础信息、作业信息、协调控制信息和决策支持信息。基础信息是物流活动的基础，是最初的信息源，如物品基本信息、货位基本信息等。作业信息是物流作业过程中发生的信息，信息的波动性大，具有动态性，如库存信息、到货信息等。协调控制信息主要是指物流活动的调度信息和计划信息。决策支持信息是指能对物流计划、决策、战略产生影响的统计信息或宏观信息，如科技、产品、法律等方面的信息。

（4）按照物流职能分类

按照物流的职能，物流信息可以分为运输信息、仓储信息、包装信息、流通加工信息、装卸搬运信息、配送信息。

（5）按照环节分类

根据信息产生和发挥作用的环节，物流信息可分为输入物流活动的信息和物流活动产生的信息。

2. 物流信息的作用

物流信息在物流活动中具有十分重要的作用，物流信息经过收集、传递、存储、处理、输出等，成为决策依据，对整个物流活动起指挥、协调、支持和保障作用。其主要作用包括以下几个方面。

（1）沟通和联系的作用

物流系统是由多个行业、部门及众多企业群体构成的经济大系统，系统内部正是通过各种指令、计划、文件、数据、报表、凭证、广告、商情等物流信息，建立起各种纵向和横向的联系，沟通生产厂、批发商、零售商、物流服务商和消费者，满足各方需要。因此，物流信息是沟通和联系物流活动各环节的桥梁。

（2）引导和协调的作用

物流信息随着物资、货币及物流当事人的行为等信息载体进入物流供应链中，同时对信息的反馈也随着信息载体反馈给供应链上的各个环节，物流信息及其反馈可以引导供应链结构的变动和物流布局的优化；协调物资结构，使供需之间平衡；协调人、财、物等物流资源的配置，促进物流资源的整合和合理使用等。

（3）管理和控制的作用

通过移动通信、计算机信息网、电子数据交换、全球定位系统等技术实现物流活动的电子化，如货物实时跟踪、车辆实时跟踪、库存自动补货等，用信息化代替传统的手工作业，实现物流运行、服务质量和成本等方面的管理控制。

（4）缩短物流供应链的作用

为了应对需求波动，通常在物流供应链的不同节点上设置库存，包括中间库存和最终库存，如零部件、在制品、制成品的库存等，这些库存增加了供应链的长度，提高了供应链成本。但是，如果能够实时掌握供应链上不同节点的信息，知道在供应管道中，什么时候、什么地方、多少数量的货物可以到达目的地，就可以发现供应链上的过多库存并进行缩减，从而缩短物流供应链，提高物流服务水平。

（5）辅助决策分析的作用

物流信息是制定决策方案的重要基础和关键依据，物流管理的决策过程本身就是对物流信息进行深加工的过程，是对物流活动发展变化规律的认识过程。物流信息可以协助物流管理者鉴别、评估经比较物流战略和策略后的可选方案，如车辆调度、库存管理、设施选址、资源选择、流程设计以及有关作业比较和安排的成本—收益分析等，均是在物流信息的帮助下作出的科学决策。

（6）支持战略计划的作用

作为决策分析的延伸，物流战略计划涉及物流活动的长期发展方向和经营方针的制定，如企业战略联盟的形成、以利润为基础的顾客服务分析，以及能力和机会的开发与提炼。作为一种更加抽象、松散的决策，它是对物流信息进一步提炼和开发的结果。

（7）价值增值的作用

物流信息本身是有价值的，而在物流领域中，物流信息在实现其使用价值的同时，其自身的价值又呈现增长的趋势，即物流信息本身具有增值特征。此外，物流信息是影响物流的重要因素，它把物流的各个要素及有关因素有机地组合并联结起来，以形成现实的生产力和创造出更高的社会生产力。同时，在社会化大生产条件下，生产过程日益复杂，物流诸要素都渗透着知识形态的信息，信息真正起着影响生产力的现实作用。企业只有有效地利用物流信息，才能使生产力中的劳动者、劳动手段和劳动对象实现最佳结合，产生放大效应，使经济效益出现增值。物流系统的优化，各个物流环节的优化所采取的办法、措施，如选用合适的设备、设计最合理路线、决定最佳库存储备等，都要切合系统实际。

第二节　信息技术与现代物流

一、信息技术

（一）信息技术的定义

信息技术（Information Technology，IT）是指在信息科学的基本原理和方法的指导下扩展人类信息功能的技术。一般来说，信息技术是以电子计算机和现代通信技术为主要手段，实现信息的获取、加工、传递和利用等功能的技术总和。人类的信息功能包括感觉器官承担的信息获取功能、神经网络承担的信息传递功能、思维器官承担的信息认知功能和信息再生功能、效应器官承担的信息执行功能。

人们对信息技术的定义，因其使用的目的、范围、层次不同而有不同的表述：

①信息技术就是"获取、存储、传递、处理分析信息以及使信息标准化的技术"。

②信息技术"包含通信、计算机与计算机语言、计算机游戏、电子技术、光纤技术等"。

③现代信息技术"以计算机技术、微电子技术和通信技术为特征"。

④信息技术是指在计算机和通信技术支持下用以获取、加工、存储、变换、显示和传输文字、数据、图像以及声音信息，包括提供设备和提供信息服务两大方面的方法与设备的总称。

⑤信息技术是人类在生产斗争和科学实验中，经由认识自然和改造自然而积累起来的获取信息、传递信息、存储信息、处理信息以及使信息标准化的经验、知识、技能和体现这些经验、知识、技能的劳动资料有目的的结合过程。

⑥信息技术是管理、开发和利用信息资源的有关方法、手段与操作程序的总称。

⑦信息技术是指能够扩展人类信息器官功能的一类技术的总称。

⑧信息技术指"应用在信息加工和处理中的科学、技术与工程的训练方法和管理技巧；上述方法和技巧的应用；计算机及其与人、机的相互作用，与人相应的社会、经济和文化等诸种事物"。

⑨信息技术包括信息传递过程中的各个方面，即信息的产生、收集、交换、存储、传输、显示、识别、提取、控制、加工和利用等技术。

（二）信息技术的分类

信息技术可以按照不同标准划分为不同的类型。

①按表现形态划分，信息技术可分为硬技术（物化技术）与软技术（非物化技术）。其中，硬技术指各种信息设备及其功能，如显微镜、电话机、通信卫星、多媒体电脑。软技术指有关信息获取与处理的各种知识、方法与技能，如语言文字技术、数据统计分析技术、规划决策技术、计算机软件技术等。

②按工作流程中的基本环节划分，信息技术可分为信息获取技术、信息传递技术、信息存储技术、信息加工技术及信息标准化技术。信息获取技术包括

信息的搜索、感知、接收、过滤等。如显微镜、望远镜、气象卫星、温度计、钟表、搜索引擎中的技术等。信息传递技术指跨越空间共享信息的技术，又可分为不同类型。如单向传递与双向传递技术，单通道传递、多通道传递与广播传递技术。信息存储技术指跨越时间保存信息的技术，如印刷技术、照相技术、录音技术、录像技术、缩微技术、磁盘技术、光盘技术等。信息加工技术是对信息进行描述、分类、排序、转换、浓缩、扩充、创新的技术。信息加工技术的发展已有两次突破：从人脑信息加工到使用机械设备（如算盘，标尺等）进行信息加工，再发展为使用电子计算机与网络进行信息加工。信息标准化技术是指使信息的获取、传递、存储、加工各环节有机衔接，提升信息交换共享能力的技术。如信息管理标准、字符编码标准、语言文字的规范化等。

③按使用的信息设备划分。在日常应用中，有人按所用的信息设备，把信息技术分为电话技术、电报技术、广播技术、电视技术、复印技术、缩微技术、卫星技术、计算机技术、网络技术等。也有人按信息传播模式，将信息技术分为传者信息处理技术、信息通道技术、受者信息处理技术、信息抗干扰技术等。

④按技术的功能层次划分，可将信息技术体系分为基础层次的信息技术（如新材料技术、新能源技术）、支撑层次的信息技术（如机械技术、电子技术、激光技术、生物技术、空间技术等）、主体层次的信息技术（如传感技术、通信技术、计算机技术、控制技术）、应用层次的信息技术（如文化教育、商业贸易、工农业生产、社会管理中用以提高效率和效益的各种自动化、智能化、信息化应用软件与设备）。

传感（Sensor）技术、通信（Communication）技术、计算机（Computer）技术和控制（Conrtol）技术是信息技术的四大基本技术。其中，起支柱性作用的是通信技术、计算机技术和控制技术，即3C技术。信息技术是实现信息化的核心手段。信息技术是一门多学科交叉综合的技术，计算机技术、通信技术与多媒体技术、网络技术相互渗透、相互作用，形成以智能多媒体信息服务为特征的大规模信息网。信息科学、生命科学和材料科学一起构成了当代三种前沿科学，信息技术是当代世界范围内新的技术革命的核心。信息科学和技术是现代科学技术的先导，是人类进行高效率、高效益、高速度社会活动的理论、方法与技术，是国家现代化的一个重要标志。

二、信息技术与现代物流的关系

（一）信息技术的发展推动了物流现代化

1. 信息技术在物流实时对接中的作用

（1）实时数据采集与传输

信息技术的核心在于数据的实时采集和传输。物联网设备、射频识别（RFID）技术、全球定位系统和传感器技术在物流过程中无缝对接各个环节，使货物的流动状态可以实时监控和记录。例如，RFID标签可以实时追踪货物的位置信息，传感器可以监控货物的温度、湿度等环境参数，确保货物在运输过程中的安全和质量。

（2）云计算与大数据分析

云计算技术使物流企业可以存储和处理大规模数据，并通过大数据分析优化物流运作。物流企业可以通过云计算平台进行数据存储和处理，实现资源共享和高效管理。大数据分析可以帮助企业预测物流需求、优化运输路径、提高库存管理效率，从而实现物流过程的实时优化和动态调整。

（3）实时信息系统的构建

物流企业可以通过构建物流信息系统，实现物流过程的全程监控和信息共享。这些系统包括仓储管理系统、运输管理系统（TMS）和供应链管理系统等。通过这些系统，物流企业可以实现货物从仓库到运输再到配送的全程信息化管理，确保各环节的信息实时更新和无缝对接。

2. 信息技术提高物流效率

（1）库存管理效率的提升

信息技术使物流企业实现了库存的精准管理。通过实时数据采集和传输，企业可以实时监控库存量，及时补充缺货商品，减少库存积压和缺货现象。仓储管理系统可以实现货物的自动分类和定位，提高仓储作业的效率和准确性。

（2）运输调度的优化

运输管理系统和全球定位系统的应用，使物流企业能够实时监控运输车辆的位置和状态，优化运输路径和调度计划，减少运输时间和成本。通过大数据分析和人工智能技术，企业可以根据实时交通状况和运输需求，动态调整运输计划，确保货物能够及时送达目的地。

（3）配送服务的改进

信息技术使得物流企业能够提供更为灵活和便捷的配送服务。通过客户管理系统，企业可以根据客户的需求和偏好，灵活安排配送时间和地点，提高客户满意度。同时，企业还可以通过物流信息系统，实现配送过程的全程可视化，客户可以实时查询货物的配送状态，提升客户体验。

（二）信息技术推动物流产业成为国民经济新的增长点

1．信息技术在物流产业中的应用

（1）信息管理系统的应用

信息管理系统是物流企业实现信息化管理的基础。这些系统包括企业资源计划系统、客户关系管理系统和供应链管理系统等。通过这些系统，企业可以实现物流过程的全程信息化管理，优化资源配置，提高运营效率和服务水平。

（2）电子商务与物流的融合

信息技术的发展推动了电子商务的快速发展，电子商务的发展又促进了物流产业的壮大。电子商务平台和物流企业通过信息技术实现无缝对接，电子订单可以实时传输到物流系统，物流企业可以根据订单信息，及时安排仓储、运输和配送，提高了物流效率和服务水平。

（3）智能化物流设备的应用

智能化物流设备是现代物流的重要组成部分。自动化仓库、智能分拣设备、无人驾驶车辆和机器人技术的应用，使物流作业更加高效和精准。这些设备通过信息技术实现互联互通，可以实时监控和调整作业状态，提高了物流作业的效率和可靠性。

2．信息技术推动物流产业的创新

（1）物流模式的创新

信息技术推动了物流模式的创新。通过信息技术，物流企业可以实现多式联运、仓配一体化和供应链一体化等新型物流模式，提高物流效率和服务水平。同时，信息技术还推动了共享物流、绿色物流和智慧物流的发展，促进了物流产业的可持续发展。

（2）物流服务的创新

信息技术推动了物流服务的创新。物流企业可以通过信息技术提供个性化服务、定制化服务和增值服务，提高客户满意度和忠诚度。例如，通过大数据分析，企业可以为客户提供精准的物流解决方案和增值服务，如货物跟踪、库存管理和供应链优化等。

（3）物流企业管理的创新

信息技术推动了物流企业管理的创新。通过信息技术，企业可以实现管理流程的标准化和智能化，提高管理效率和决策水平。例如，企业可以通过信息系统实现财务管理、人力资源管理和供应链管理的集成化和信息化，提高企业的管理水平和竞争力。

（三）信息技术的运用是现代物流体系的核心

1．信息技术在物流环节中的整合作用

（1）物流环节的协调与优化

信息技术在物流环节中的整合作用表现在各个环节的协调与优化上。通过信息技术，企业可以实现仓储、运输、配送等各个环节的无缝对接，确保物流过程的连续性和高效性。物流信息系统可以实现各个环节的数据共享和信息传递，提高物流过程的协调性和可控性。

（2）物流资源的整合与共享

信息技术使物流企业实现了物流资源的整合与共享。通过信息技术，企业可以整合内部和外部的物流资源，实现资源的优化配置和高效利用。例如，通过云计算平台，企业可以实现物流资源的共享和调度，提高物流资源的利用率和服务水平。

（3）物流流程的优化与改进

信息技术使物流企业实现了物流流程的优化与改进。通过信息技术，企业可以对物流流程进行全面的分析和优化，减少物流环节的冗余和浪费，提高物流作业的效率和质量。例如，通过大数据分析，企业可以发现物流流程中的瓶颈和问题，并采取相应的措施进行改进，提高物流运作的效率和效益。

2．信息技术在物流成本控制中的作用

（1）库存成本的控制

信息技术使物流企业实现了库存成本的有效控制。通过实时数据采集和分析，企业可以实现库存的精准管理，减少库存积压和缺货现象，降低库存成本。仓储管理系统可以实现货物的自动分类和定位，提高仓储作业的效率和准确性，

降低仓储成本。

（2）运输成本的控制

信息技术使物流企业实现了运输成本的有效控制。通过运输管理系统和全球定位系统，企业可以实现运输路径的优化和调度计划的优化，减少运输时间和成本。通过大数据分析和人工智能技术，企业可以根据实时交通状况和运输需求，动态调整运输计划，确保货物能够及时送达目的地，降低运输成本。

（3）运营成本的控制

信息技术使物流企业实现了运营成本的有效控制。通过信息技术，企业可以实现管理流程的标准化和智能化，提高管理效率和决策水平。例如，企业可以通过信息系统实现财务管理、人力资源管理和供应链管理的集成化和信息化，提高企业的管理水平和竞争力，降低运营成本。

三、现代物流信息技术

现代物流信息技术是指应用在现代物流各个作业环节中的信息技术。它是建立在计算机、网络通信技术平台上的各种应用技术，包括硬件技术和软件技术，如条码技术、RFID技术、物流数据交换技术、卫星导航与物流动态跟踪技术、大数据与云计算技术等，以及在这些技术手段支撑下的数据库技术、面向行业的信息系统等软件技术。

从构成要素上看，现代物流信息技术作为现代信息技术的重要组成部分，本质上属于信息技术的范畴。信息技术应用于物流领域而使其在表现形式和具体内容上存在一些特性，但其基本要素仍然同现代信息技术一样，可分为以下四个层次。

（一）现代物流信息基础技术

即有关元器件的制造技术，它是整个信息技术的基础。例如，微电子技术、光子技术、光电子技术、分子电子技术等。

（二）现代物流信息系统技术

即与现代物流信息的获取、传输、处理、控制的设备和系统有关的技术，它是建立在现代物流信息基础技术之上的，是整个现代物流信息技术的核心。其内容主要包括现代物流信息获取技术、现代物流信息传输技术、现代物流信息处理技术及现代物流信息控制技术。

（三）现代物流信息应用技术

即基于管理信息系统（MIS）技术、优化技术和计算机集成制造系统（CIMS）技术而设计出的各种物流自动化设备和现代物流信息管理系统。例如，自动化分拣与传输设备、自动导引车、集装箱自动装卸设备、仓储管理系统、运输管理系统、配送优化系统、全球定位系统、地理信息系统（GIS）等。

（四）现代物流信息安全技术

即确保现代物流信息安全的技术，主要包括密码技术、防火墙技术、病毒防治技术、身份识别技术、访问控制技术、备份与恢复技术和数据库安全技术等。

第三节　现代物流信息化

一、现代物流信息化的内涵及其作用

（一）现代物流信息化的内涵

信息化至少有两层含义：一方面，信息本身的特性决定了其具有载体的功能；另一方面，实现信息交换的信息技术作为一种先导技术广泛地应用于包括物流行业在内的诸多行业。基于以上理解，物流信息化也至少有两层含义：第一，信息成为物流业务中商流、物流（商品移动）、资金流的载体；第二，通过信息交换实现物流业务，反映物流资源的信息成为信息资源，并且信息资源已经成为企业竞争的情报和一种财富，通过信息技术在物流领域的应用来实现物流管理的全面信息化。

综上所述，现代物流信息化是指运用现代信息技术分析、控制物流信息，以管理与控制商流、物流和资金流，提高物流运作的自动化程度和物流决策的水平，达到合理配置物流资源、降低物流成本、提高物流服务水平的目的。

现代物流信息化是物流企业和社会物流系统核心竞争能力的重要组成部分，是电子商务的必然要求。现代物流信息化主要表现为现代物流信息收集的代码化、现代物流信息处理的电子化、现代物流信息传递的标准化和实时化、现代物流信息存储的数字化等。

提高信息化、网络化水平是物流业发展的前提及重要条件，也就是说，物流行业最需要信息化、网络化支持。物流信息化是现代物流发展的关键，是物流系统的灵魂，更是主要的发展趋势。21世纪初，我国确定了以信息化带动工业化、以工业化促进信息化的方针。为了推动我国电子商务的发展，必须大力提高我国现代物流信息化水平。

现代物流信息化是通过利用信息技术的手段来满足电子商务环境的需要，它需要对物流运行环境、流程与相关经济背景进行深刻的理解和分析。物流信息化是对整个社会物流系统进行的变革，通过信息技术与传统物流功能的融合，形成新的物流核心竞争能力，丰富了物流的内涵。在电子商务环境下，物流的信息技术应用全面而深入，如条码技术、射频技术、人工智能技术应用等，提高了电子商务的效率。

物流信息化的程度是衡量物流业务水平的重要指标，可以说没有信息化的物流，便没有现代化的物流。要发展现代化物流，现代物流信息化必不可少。

（二）现代物流信息化的作用

当今世界，经济全球化趋势不断深入，科学技术突飞猛进，国际产业升级和转型速度加快，企业生产经营模式和资源获取手段发生了重大的变化。为了追求竞争优势，实现扩大市场规模和降低成本的双重目标，全球供应链式的生产营销体系逐步兴起并得到普及。专业化分工加快，物流外包与"第三方物流"的出现，为宏观物流效率的提高提供了重要的微观机制。在这种形势下，信息技术的应用和物流信息系统的建设对现代物流的发展起到了非常关键的促进作用。总体来说，现代物流信息化建设的作用表现在以下几个方面。

1. 现代物流信息化有助于降低物流成本

无论是企业物流还是物流企业，如何对自身物流资源进行优化配置，如何实施管理和决策，以期用最小的成本带来最大的效益，是他们面临的最重要的问题。物流的信息化能够使管理人员运用智能规划理论和方法，高效地进行运输资源的使用、运输路线的选择、工作计划的拟定、人员的安排、库存数量的决策、需求和成本的预测、系统的控制等，取得良好的经济效益。

2．现代物流信息化有助于提高物流传递的效率和质量

物流不再仅仅是运输物资，同时也在传递信息，各种信息经过加工、处理再传播出去。现代物流信息化的目的并不仅仅是精减人员、节约费用，而是要形成一个效率高、质量好的物流系统，提高物流传递的效率和质量。

3．现代物流信息化有助于提升物流服务能力

现代物流信息技术的广泛应用，将生产、流通和消费环节有效地合为一体，打破了传统意义上的地域限制、时区限制，扩大了物流服务的范围；同时，也能为客户提供更优质的服务。由于信息能及时、全面地获取与加工，供需双方可以充分地进行交互和信息共享，所以物流服务更准确、客户满意度更高；顾客可以更多地进行自我服务，决定何时、何地，以何种方式获得定制的服务；在提供物流服务的同时，企业还可以为顾客提供信息、融资等多种增值服务。

4．现代物流信息化有助于促进供应链管理和物流服务创新

供应链管理是一种集成的管理思想和方法。供应链上的各个企业，分担供应、生产、分销和销售的职能，成为一个协调发展的有机体。如果没有完善的信息交互、协同商务机制，信息就不能分享，整条供应链上的节点就是彼此独立的信息孤岛。信息技术的合理应用有助于建立起一种跨企业的协作，通过信息平台和网络服务进行商务合作，合理调配企业资源，加速企业存货和资金的流动，提升供应链运转效率和竞争力。同时，现代物流信息化有利于促进电子商务的发展，形成信息流、商流、物流和资金流的统一，从而为企业产生新的增值服务并创造新的利润源泉，进一步推动物流服务方式的创新。

二、我国现代物流信息化发展现状

我国物流企业的信息化建设起步较晚，进入21世纪以后，随着我国经济的飞速发展以及信息技术的进步，现代物流信息化进入了快速发展期，呈现出以下特点。

（一）信息化意识提升，整体应用水平较低

近年来，我国从政府部门到企业对现代物流信息化重要性的认识不断提升，"物流的灵魂是信息"这一理念已得到我国工商企业、物流企业的广泛认同，各类企业呈现出开发物流信息平台、应用综合性或专业化物流管理信息系统的态势。发展现代物流业，需要现代物流信息化的支撑和推动，因此，我国各级政府

也将现代物流信息化作为一项基础建设纳入发展规划之中，并进一步加大对现代物流信息化的投资力度。但是，物流信息化整体应用水平还较低，特别是中小企业的物流信息化水平很低。一方面，先进的信息技术应用较少，应用范围有限。调查显示，国外物流企业广泛使用的条码技术、RFID技术、全球定位系统、地理信息系统、电子数据交换技术在我国物流企业中的应用还不够理想。同时，立体仓库、自动识别系统、自动导向车系统、货物自动跟踪系统等物流自动化设施应用不多。另一方面，信息化对企业运营生产环节的渗入层次较低。相关调查发现，在信息化水平较高的大中型物流企业中，其网站的功能仍然以企业形象宣传等基础应用为主，将其作为电子商务平台应用的较少。同时，已建信息化系统的功能主要集中在仓储管理、财务管理、运输管理和订单管理方面，而关系到物流企业生存发展的客户关系管理方面的应用所占比例很小。事实上，目前较低的信息化应用水平已经成为制约我国现代物流发展的重要因素，我国物流业迫切需要提高信息化水平，以提升国际竞争力。

（二）信息化建设步伐加快，物流信息平台建设滞后

物流公共服务平台的载体主要是物流信息平台。物流信息平台是指能整合各种物流信息资源，完成各系统间数据交换，实现信息共享的平台。物流信息平台可推动物流相关政府职能部门间协同工作机制的建立，提高相关管理部门工作的协同性、决策的科学性。物流信息平台在政府相关职能部门的信息沟通中起到了信息枢纽作用，强化了政府对物流市场的宏观管理与调控能力，为政府的宏观规划与决策提供了信息支持。与此同时，为港口、物流园区等提供公共服务的物流信息平台也在迅速发展，这种物流信息平台所面向的用户相对集中。虽然我国以物流信息平台为代表的物流公共服务信息化有了一定进展，但在发展过程中也存在诸多问题，主要体现在以下两个方面。一是物流信息平台建设运营主体的确定问题。物流信息平台建设运营主体主要有两种。一种是以政府为主的模式。在这种模式下，物流信息平台的规划、建设和运营维护都由政府直接负责。这种模式的特点是物流信息平台的公益性较强，但也存在很多弊端，如后期资金的投入不能得到有效保证，且容易造成对市场需求把握不足。另一种是以企业为主的模式。在这种模式下，企业可以自主经营，积极把握市场需求。但这种模式也有一定的局限性。如整合资源的能力不足，缺乏系统规划，资金压力大等。二是物流信息平台盈利能力不足。物流信息平台的成功既需要完善的市场调研、雄厚的资

金支持，更需要合适的商业模式。目前为止，多数物流信息平台缺乏良好的商业模式的支持，导致盈利能力有限，平台的持续发展受到一定的影响。

三、现代物流信息化的发展过程及趋势

（一）现代物流信息化的发展过程

现代物流信息化的发展过程包括电子数据处理系统阶段、管理信息系统阶段和决策支持系统阶段。随着现代物流信息化的发展，综合物流信息化建设将成为未来的发展趋势。信息技术结合现代物流思想的发展，使物流信息系统不断地被充实和提升，物流信息系统在发展上具有与计算机信息处理技术相似的历程。

1．电子数据处理系统阶段

电子数据处理系统的特点是数据处理的计算机化，目的是提高数据处理速度。根据数据的综合处理程度，电子数据处理系统又分为单项数据处理阶段和综合数据处理阶段。

在单项数据处理阶段，计算机硬件和软件都比较落后。在硬件方面，外存容量小，数据和程序一起输入，且计算机不能长期保存数据；在处理方式上，受计算机外部设备、软件和通信技术的限制，主要采用批处理方式。单项数据处理阶段主要是用计算机实现某个单项处理的手工操作，其特点是集中式处理、数据不能共享、数据处理采用单机。

在综合数据处理阶段，出现了具有高速存取功能和容量较大的外存储器，大容量的外存储器可以促使操作系统的产生和文件管理功能的完善。这时数据被组织成数据文件储存在磁盘上，由操作系统完成程序和数据的管理，简化了人工数据的处理，实现了数据与程序的分离，大大促进了计算机信息处理能力的提升。计算机应用由当下的数据处理扩展到部分物流管理的范围或物流管理子系统，计算机的运算能力有了很大提高，通过带动多个终端，可以对多个业务过程进行综合处理。该阶段应用的特点为实时处理、集中式数据处理、数据局部共享、系统采用主从式结构。

2．管理信息系统阶段

电子数据处理系统的数据不能为企业管理决策提供过去的、现在的和未来的信息，人们对计算机信息处理系统提出了新的需求。在这个阶段，统计学、运筹学、管理科学和计算机科学结合在一起，建立了以决策制定为基础的现代管理理念，并出现了大/超大规模集成电路及大容量的存储器、网络技术和数据库技术，计算机性能的发展使计算机的应用更加广泛。信息技术应用于整个企业的物流管理，在企业内部运行的计算机应用系统，能系统地组织、保存和处理企业的信息，辅助企业进行计划、生产、经营和销售。企业信息系统以局域网结构和客户/服务器体系结构为主，是生产系统、计划系统、财务系统、工程设计、工程管理和生产制造等功能系统的有机结合。

在这个阶段，各种先进的结合信息进行企业管理的理念不断出现，如JIT、全面质量管理（Total Quality Management，TQM）、供应链管理、客户关系管理等，极大地丰富了物流管理和物流信息管理的内容。管理信息系统方面，主要有物料需求计划（Material Requirement Planning，MRP）和企业资源计划系统。

3. 决策支持系统阶段

决策支持系统是以信息技术为手段，应用决策科学及有关学科的理论和方法，针对某一类型的半结构化和非结构化的决策问题，通过提供背景资料、明确相关问题、修改完善模型、列举可能方案、进行分析比较等方式，为帮助管理者作出正确决策的人机交互式的信息系统。

决策支持系统阶段始于20世纪90年代初，由于信息技术本身有了巨大的进步，如超大容量的存储器出现，互联网技术由军事应用扩展为商业应用，通信技术由单一的电信扩展为数据通信；在数据管理方面产生了数据仓库。这一切进步使计算机辅助管理由系统管理阶段进入了决策支持阶段。决策支持系统是在管理信息系统的基础上发展起来的，以管理信息系统所产生的信息为基础，应用模型或其他方法和手段实现辅助决策和预测功能。在现代物流管理中，经常需要运用运输路线优化、配送中心选址、存货管理等模型，这些模型的开发和应用使物流信息系统进入了一个更高的层次。

（二）现代物流信息化的发展趋势

随着现代物流的发展和现代物流信息化建设进程的加快，综合物流信息化建设将成为未来发展的主题。综合物流信息化建设不同于那些用信息技术在某一方面或者在一定程度上改善企业物流的过程，而是着眼于全方位地提升企业物流，体现在商务活动、物流战略、库存、运输、组织及信息处理系统等方面的变革。综合物流信息化建设，可以提高物流企业及生产流通企业的服务效率，带来巨大的经济效益。综合物流信息化建设的特征分析如表2-1所示。

表 2-1　综合物流信息化建设的特征分析

项目	传统物流	一般信息技术支持的物流	综合物流信息化建设
组织	以功能为核心	以过程为核心	虚拟组织
运输	低效率送货； 依据人工经验计算拼装	局部联合送货	联合送货、共同配送； 依据标准自动计算拼装
库存	分散库存； 高效生产/销售库存； 自己管理库存	集团内部的局部集中库存管理	集中库存管理； 生产/销售端的零库存； 供应商管理库存（VMI）
物流战略	以预估为基础的战略	以经验、历史数据分析为基础的战略	以快速反应为基础的战略；以客户服务为中心
商务活动	口头、电话、会面交流；实物产品展示；信息格式不标准；无信用记录	简单的电子文本交流；简单的网上产品信息发布；局部标准化、规范化信息	网上交流、多媒体交流；网上多媒体产品展示；标准、规范的信息格式；历史信息的保持和追踪

1．软件体系结构变化

随着经济全球化的推进，物流跨地域服务的特性越来越显著。我国物流业的重组和并购已迫在眉睫，拥有跨区域仓库网点的物流企业、生产流通企业不断增加。在系统结构上，目前我国基于局域网的物流信息系统比较多，适合地理范围有限的业务管理要求；对于分属不同地域的分支机构往往采用数据上报的汇总管理方式。这种系统在跨区域范围内存在数据实时性差的问题，而且维护成本往往比较高，难以适应物流业务快速增长的需要。因此，为了适应国内跨区域的大型企业经营管理的需要，许多物流软件提供商已经把目光转向开发基于服务器浏览器（B/S）模式的系统，在全球网络平台上构筑物流信息系统。

2．专业性更强，接口趋于透明

从物流发展的形势看，专业化服务已经成为一种趋势。因此，物流信息系统软件的专业化程度越高，往往具有更好的适应性，更能体现出信息化的优势。虽然提供"大而全"的一体化解决方案的物流软件为软件开发商所追求，但提供能适应某种或某类业务模式的物流信息系统软件可能更现实一些。另外，在各类物流服务过程中，系统对接与数据交换也成为一种需要，这就要求物流软件的接口透明和规范。

3．数据信息的采集更为明细

物流与信息流相互依存成为趋势，也就是说软件系统记录的"物"的有关信息将更为精确。如果软件系统没有实现货位及库房形状、通道的管理，就无法实现货物在库移动路径优化的决策支持；如果没有记录物品的体积、形状，那么车辆配载设计就无法实现。目前的物流信息系统软件已经不再是简单的料账管理系统或报表汇总系统，生产作业管理型的系统正在成为主流。

4．自动化管理的程度在不断提高

随着物流业务的提升，物流信息系统软件的自动化管理程度也正在不断提高。这既包括仓储设施的自动化和运输、配送作业的自动化，也包括物流作业调度的自动化和作业管理的自动化。

5．决策支持功能将会加强

随着信息技术在物流管理中的应用不断深入，物流信息系统软件已不再限于支持数据信息的处理，而是向更高层次发展，转向支持物流管理的决策——通过提供数学模型分析数据，辅助决策。

6．社会化物流信息平台建设受到重视

资源共享、专业化分工是社会发展的趋势，建设社会化的物流信息平台是提高我国社会物流服务效率的基础。提供物流软件的应用服务提供商，可以做到资源共享，迅速提升我国物流管理的信息化水平。

第四节　现代物流信息系统

一、物流信息系统建设与开发设计原则

物流信息系统的开发是一个较为复杂的系统工程，它涉及计算机技术、系统理论、组织理论、管理知识、认识规律以及工程化方法等方面的问题。在物流信息系统的开发和设计中存在着一个误区：认为物流信息系统的开发过程是一个纯粹的技术过程，没有正确认识到用户和开发人员之间的关系，也没有认识到研究科学的开发方法和工程化的开发步骤对物流信息系统开发工作进行有着重要的作用。为了确保物流信息系统建设能达到预期的目的，应该坚持科学的系统建设原

则和开发设计原则。

（一）物流信息系统的建设原则

1．先进性原则

物流信息系统的建设是现代物流管理的重要组成部分。先进性原则要求物流信息系统在技术和应用上必须具有前瞻性，能够适应当前及未来的发展需求。先进性不仅包括硬件和软件技术的前沿性，还包括管理理念和应用模式的创新。

（1）先进技术的引入

物联网技术是现代物流信息系统的重要组成部分。通过物联网设备，物流企业可以实现对货物、车辆和仓库的实时监控和管理。物联网技术的应用可以提高物流过程的透明度和效率，减少物流过程中的不确定性。

大数据技术使物流企业可以对大量的物流数据进行存储、处理和分析。通过大数据分析，企业可以发现物流过程中的规律和趋势，优化物流运作，提高决策的科学性和准确性。例如，通过对历史运输数据的分析，企业可以优化运输路线，减少运输成本和时间。

人工智能技术在物流信息系统中的应用包括智能调度、预测分析和自动化操作等。通过人工智能技术，物流企业可以实现智能化的物流管理，提高物流运作的效率和准确性。例如，利用人工智能技术，企业可以实现运输路径的自动优化和调度，提高运输效率。

（2）管理理念的创新

现代物流信息系统需要与供应链管理紧密结合，实现供应链的整体优化和协调。通过信息系统，物流企业可以实现供应链各环节的信息共享和协同，提高供应链的整体效率和竞争力。例如，通过供应链管理系统，企业可以实现对供应商、制造商、仓储和运输的全程监控和管理，优化供应链流程。

精益管理理念强调通过持续改进和消除浪费来提高效率和降低成本。物流信息系统需要支持精益管理理念，实现对物流过程的精细化管理。例如，通过信息系统，企业可以实现对库存的精准管理，减少库存积压和缺货现象，提高库存周转率。

现代物流信息系统需要以客户为中心，满足客户的个性化需求。通过信息系统，企业可以实现对客户需求的快速响应和定制化服务，提高客户满意度和忠诚度。例如，通过客户管理系统，企业可以实现对客户需求的分析和预测，提供个性化的物流解决方案。

2.经济性原则

经济性原则要求物流信息系统的建设和运营成本应当合理，投入产出比应当具备经济效益。物流信息系统的建设不仅要考虑初期的投入成本，还要考虑长期的运营维护成本和系统升级成本。

（1）成本控制

初期建设成本包括硬件设备、软件开发、系统集成和人员培训等方面的投入。在初期建设阶段，企业需要进行详细的需求分析和规划，选择性价比高的硬件和软件设备，确保系统的功能和性能满足需求。

运营维护成本包括系统的日常维护、软件升级、硬件更换和人员工资等。企业需要建立完善的维护机制和服务体系，确保系统的稳定运行和及时升级。例如，通过引入外包服务，企业可以降低系统的维护成本和风险。

企业需要对物流信息系统的经济效益进行评估，包括直接效益和间接效益两方面。直接效益包括降低物流成本、提高物流效率和减少物流时间等，间接效益包括提高客户满意度、增强企业竞争力和提升品牌形象等。通过效益评估，企业可以判断信息系统的经济性和投资回报率。

（2）资源优化

物流信息系统可以实现人力资源的优化配置，提高人力资源的利用率和工作效率。通过信息系统，企业可以实现自动化操作和智能化管理，减少人力投入。例如，通过自动化仓库和智能分拣设备，企业可以减少仓储和分拣人员，提高作业效率。

物流信息系统可以实现设备资源的优化配置和高效利用。通过信息系统，企业可以实现对设备的实时监控和管理，提高设备的利用率并延长使用寿命。例如，通过运输管理系统，企业可以实现对运输车辆的智能调度和维护，减少车辆的空驶率和降低维修成本。

物流信息系统可以实现资金资源的优化配置和高效利用。通过信息系统，企业可以实现对物流费用的精细化管理和控制，减少不必要的支出。例如，通过财务管理系统，企业可以实现对物流费用的全面监控和分析，提高资金的使用效率。

3．实用性原则

实用性原则要求物流信息系统在实际应用中具备实用性和可操作性，能够满足企业的实际需求和应用场景。物流信息系统不仅要具备先进的技术和功能，还要具备良好的用户体验和操作便捷性。

（1）需求导向

在物流信息系统的建设过程中，企业需要进行详细的业务需求分析，明确系统的功能需求和性能需求。通过需求分析，企业可以确定系统的建设目标和实现路径，确保系统的功能和性能能够满足业务需求。

在物流信息系统的建设过程中，企业需要进行详细的用户需求分析，明确系统的用户需求和操作习惯。通过用户需求分析，企业可以优化系统的界面设计和操作流程，提升系统的用户体验和操作便捷性。

在物流信息系统的建设过程中，企业需要进行详细的应用场景分析，明确系统的应用场景和适用范围。通过应用场景分析，企业可以优化系统的功能模块和配置选项，提高系统的适用性和灵活性。

（2）功能设计

物流信息系统应当采用模块化设计，实现系统功能的灵活配置和扩展。通过模块化设计，企业可以根据业务需求和应用场景，选择和配置适合的功能模块，提高系统的实用性和灵活性。

物流信息系统的功能设计应当注重用户友好性，实现系统界面的简洁明了和操作流程的便捷高效。通过用户友好设计，企业可以提升系统的用户体验和操作效率，降低用户的学习成本和使用难度。

物流信息系统的功能设计应当注重数据共享，实现系统各模块和外部系统的数据共享和信息互通。通过数据共享设计，企业可以提高协同效率和系统的数据利用率，优化业务流程和管理决策。

（3）测试与评估

在物流信息系统的建设过程中，企业需要进行全面的系统测试，包括功能测试、性能测试、安全测试和用户测试等。通过系统测试，企业可以发现和解决系统中的问题和缺陷，确保系统的功能和性能满足需求。

在物流信息系统的建设过程中，企业需要进行用户评估，收集用户的反馈和建议，优化系统的功能和界面设计。通过用户评估，企业可以提升用户体验和系统的操作便捷性，确保系统的实用性和可操作性。

在物流信息系统的建设过程中，企业需要进行效益评估，分析系统的经济效益和社会效益。通过效益评估，企业可以判断系统的实用性和投资回报率，确保系统的建设和运营具备经济效益。

4. 可扩展性原则

可扩展性原则要求物流信息系统在设计和建设过程中，应当具备良好的扩展性和可升级性，能够适应企业未来的发展需求和技术变化。物流信息系统不仅要满足当前的业务需求，还要满足未来业务增长和技术进步的需求。

（1）系统架构设计

物流信息系统应当采用开放式架构，实现系统的灵活配置和扩展。通过采用开放式架构，企业可以方便地集成和扩展新的功能模块和应用系统，满足业务发展的需求。

物流信息系统应当采用模块化架构，实现系统功能的分层设计和模块化部署。通过采用模块化架构，企业可以根据业务需求和应用场景，灵活配置和扩展系统功能，提高系统的可扩展性和灵活性。

物流信息系统应当采用分布式架构，实现系统的高可用性和高性能。通过采用分布式架构，企业可以实现系统资源的分布式管理和并行处理，提高系统的性能和可靠性，满足业务发展的需求。

（2）技术选型

物流信息系统的技术选型应当注重先进性和前瞻性，选择具备广泛应用和发展前景的先进技术。例如，企业可以选择物联网技术、大数据技术和人工智能技术等，提升系统的技术水平和竞争力。

物流信息系统的技术选型应当注重标准化和兼容性，选择符合行业标准和国际标准的技术。例如，企业可以选择符合ISO标准和GS1标准的技术，确保系统的标准化和互操作性。

物流信息系统的技术选型应当注重可扩展性和可升级性，选择具备良好扩展性和可升级性的技术。例如，企业可以选择支持扩展接口和插件机制的技术，确保系统的可扩展性和可升级性。

（3）系统升级

物流信息系统应当建立规范的版本管理机制，确保系统的版本控制和升级管理。通过版本管理机制，企业可以实现系统版本的统一管理和有序升级，确保系统的稳定性和可扩展性。

物流信息系统应当建立灵活的功能扩展机制，实现系统功能的按需扩展和动态升级。通过功能扩展机制，企业可以根据业务需求和技术发展，灵活扩展和升级系统功能，确保系统的可扩展性和可升级性。

物流信息系统应当建立持续的性能优化机制，实现系统性能的持续优化和提升。通过性能优化机制，企业可以根据业务需求和技术发展，持续优化和提升系统性能，确保系统的高性能和高可用性。

5．标准化原则

标准化原则要求物流信息系统在设计和建设过程中，应当遵循行业标准和国际标准，实现系统的标准化和规范化。物流信息系统的标准化不仅包括技术标准和接口标准化，还包括数据标准化和管理标准化。

（1）技术标准化和接口标准化

物流信息系统的硬件选型和配置应当遵循行业标准和国际标准，实现硬件设备的标准化和兼容性。例如，企业可以选择符合ISO标准和GS1标准的硬件设备，确保系统的标准化和互操作性。

物流信息系统的软件开发和集成应当遵循行业标准和国际标准，实现软件系统的标准化和兼容性。例如，企业可以选择符合SOA架构和RESTful接口标准的软件系统，确保系统的标准化和互操作性。

物流信息系统的接口设计和实现应当遵循行业标准和国际标准，实现系统接口的标准化和兼容性。例如，企业的接口设计应当符合EDI标准和API标准，确保系统的标准化和互操作性。

（2）数据标准化

物流信息系统的数据格式设计应当遵循行业标准和国际标准，实现数据格式的标准化和规范化。例如，企业可以选择符合XML标准和JSON标准的数据格式，确保数据的标准化和兼容性。

物流信息系统的数据编码设计应当遵循行业标准和国际标准，实现数据编码的标准化和规范化。例如，企业可以选择符合EAN标准和UPC标准的数据编码，确保数据的标准化和互操作性。

物流信息系统的数据管理应当建立规范的数据管理机制，实现数据的标准化和规范化。例如，企业可以选择符合ISO 9001标准和ISO 27001标准的数据管理机制，确保数据的标准化和安全性。

（3）管理标准化

物流信息系统的项目管理应当遵循行业标准和国际标准，实现项目管理的标准化和规范化。例如，企业可以选择符合PMBOK标准和PRINCE2标准的项目管理方法，确保项目管理的标准化和规范化。

物流信息系统的运维管理应当遵循行业标准和国际标准，实现运维管理的标准化和规范化。例如，企业可以选择符合ITIL标准和COBIT标准的运维管理方法，确保运维管理的标准化和规范化。

物流信息系统的安全管理应当遵循行业标准和国际标准，实现安全管理的标准化和规范化。例如，企业可以选择符合ISO 27001标准和NIST标准的安全管理方法，确保系统的安全性和标准化。

（二）物流信息系统的开发设计原则

1.抽象化原则

抽象化原则是软件工程中的基本原则之一，旨在通过抽象的方式处理复杂问题，将系统的实现细节隐藏起来，只关注系统的功能和行为。这一原则在物流信息系统的开发设计中尤为重要，因为它可以帮助开发人员理清系统的层次结构和功能模块，提高系统的可理解性和可维护性。

（1）抽象化原则在物流信息系统中的应用

①层次化设计。抽象化原则的一个重要应用是层次化设计，即将系统划分为不同的层次，每一层次都实现特定的功能。物流信息系统通常包括数据层、业务逻辑层和表现层。数据层负责数据的存储和管理，业务逻辑层实现具体的业务逻辑和处理，表现层则负责用户界面的呈现。通过这种层次化设计，可以使不同层次的功能抽象化，便于系统的开发和维护。

②接口与实现分离。在物流信息系统中，抽象化原则还体现在接口与实现的分离上。通过定义接口，开发人员可以对系统的功能进行抽象，而具体的功能则可以在接口的基础上进行扩展和修改。例如，仓储管理系统可以通过接口定义库存管理的基本操作，而具体的库存管理则可以根据业务需求进行调整和优化。

③模型驱动开发。模型驱动开发（MDD）是抽象化原则的一种具体实现方式，通过创建系统的抽象模型，开发人员可以在较高层次上描述系统的结构和行

为。物流信息系统可以通过创建数据模型、流程模型和业务模型，对系统的各个部分进行抽象描述，然后根据这些模型生成代码和配置文件，提高开发效率和系统一致性。

（2）抽象化原则的优势

①提高系统的可理解性。抽象化可以将复杂的系统结构和功能进行简化，使系统更加易于理解和把握。开发人员可以通过抽象层次的划分，清晰地看到系统的整体架构和各个模块的功能，减少了认知负担。

②增强系统的可维护性。通过抽象化，系统的实现细节被隐藏起来，开发人员只需关注系统的功能和接口。在系统需要进行修改和扩展时，可以在不影响其他部分的情况下进行局部调整，提高了系统的可维护性和灵活性。

③支持系统的扩展性。抽象化原则有助于系统的扩展和升级。通过定义抽象接口和层次结构，开发人员可以在系统的基础上进行扩展和增强，而无须对现有系统进行大规模重构。

2.逐步求精原则

逐步求精原则是一种自上而下的开发方法，强调从系统的整体设计入手，逐步细化和具体化各个部分的实现。这一原则在物流信息系统的开发过程中尤为重要，因为物流系统通常涉及多个功能模块和业务流程，需要通过逐步细化来实现复杂系统的设计目标。

（1）逐步求精原则在物流信息系统中的应用

①自顶而下的设计方法。逐步求精原则强调从系统的总体设计开始，逐步细化到具体的功能模块。在物流信息系统的开发过程中，应首先进行系统的总体架构设计，明确系统的主要功能和模块，然后逐步细化每个模块的功能和实现方法。例如，在设计一个运输管理系统时，可以先定义系统的总体架构，包括订单管理、路线规划、车辆调度等主要功能模块，然后再逐步细化到每个模块。

②分阶段的开发过程。逐步求精原则还体现在分阶段的开发过程中。物流信息系统的开发可以分为多个阶段，每个阶段都有明确的目标和任务。例如，在系统的初期开发阶段可以重点实现核心功能模块，如仓储管理和运输管理，中期开发阶段可以扩展和优化系统功能，如增加库存预测和运输优化功能，后期开发阶段则可以进行系统的性能优化和安全增强。

③渐进式的需求分析。在逐步求精原则的指导下，需求分析也是一个渐进的

过程。物流信息系统的需求通常是复杂和多变的，需要通过逐步分析和细化来确定系统的具体需求。在需求分析的初期，可以先确定系统的基本需求，如库存管理、订单处理和配送管理等，然后逐步细化和扩展需求，确定系统的详细功能和性能要求。

（2）逐步求精原则的优势

①降低系统的复杂性。逐步求精原则是通过自顶而下的设计方法，将复杂的系统逐步细化为多个简单的部分，降低了系统的复杂性。开发人员可以逐步理解和实现系统的各个部分，减少了开发过程中的错误和风险。

②提高开发的灵活性。逐步求精原则允许开发人员在开发过程中逐步调整和优化系统设计，提高了开发的灵活性。例如，在系统的初期开发阶段，可以先实现核心功能模块，然后根据实际需求和用户反馈逐步扩展和优化系统功能。

③支持迭代开发。逐步求精原则与迭代开发方法相辅相成，可以有效支持迭代开发。在每个迭代过程中，开发人员可以逐步细化和优化系统功能，提高系统的稳定性和可靠性。

3．模块化原则

模块化原则强调将系统划分为多个独立的模块，每个模块实现特定的功能和逻辑，通过模块之间的协作完成系统的整体功能。模块化设计可以确保系统的可维护性和可扩展性，便于系统的开发和管理。

（1）模块化原则在物流信息系统中的应用

①模块划分。在物流信息系统的开发过程中，可以根据系统的功能和业务需求，将系统划分为多个独立的模块。例如，仓储管理系统可以划分为库存管理模块、订单处理模块和仓库调度模块；运输管理系统可以划分为路线规划模块、车辆调度模块和运输跟踪模块。每个模块独立实现特定的功能，通过模块之间的接口进行协作和通信。

②模块接口设计。模块化设计强调模块之间的接口设计，可以通过标准化的接口实现模块之间的通信和数据交换。在物流信息系统中，可以定义模块之间的接口和数据格式，确保模块之间的兼容性和可操作性。例如，仓储管理模块和运输管理模块可以通过标准化的API接口进行数据交换，实现订单信息的传递和处理。

③模块重用与扩展。模块化设计还强调模块的重用与扩展，可以通过模块的组合和配置实现系统的功能扩展和优化。在物流信息系统中，可以通过模块的重用和扩展实现系统的功能升级和性能优化。例如，可以通过扩展订单处理模块，实现订单的批量处理和自动化调度，提高系统的处理效率和响应速度。

（2）模块化原则的优势

①提高系统的可维护性。模块化设计将系统划分为多个独立的模块，每个模块独立实现其特定的功能和逻辑，便于系统的维护和管理。开发人员可以针对具体的模块进行修改和优化，而不影响系统的其他部分，提高了系统的可维护性。

②增强系统的可扩展性。模块化设计通过模块的组合和配置，实现了系统的功能扩展和优化。开发人员可以根据业务需求和技术发展，灵活扩展和升级系统功能，提高了系统的可扩展性和灵活性。

③支持并行开发。模块化设计支持并行开发，多个开发团队可以独立开发不同的模块，提高了系统的开发效率和质量。在物流信息系统的开发过程中，可以将不同的功能模块分配给不同的开发团队，缩短开发周期，提高系统的开发效率。

4．信息隐藏原则

信息隐藏原则是软件工程中的基本原则之一，旨在将模块的实现细节隐藏起来，只向外界暴露必要的接口和功能。这一原则在物流信息系统的开发设计中尤为重要，因为它可以提高系统的安全性和可靠性，减少模块的相互依赖性。

（1）信息隐藏原则在物流信息系统中的应用

①模块接口与实现分离。信息隐藏原则强调模块接口与实现的分离，将模块的实现细节隐藏在接口之后。在物流信息系统中，可以通过定义模块接口，将模块的具体实现隐藏起来，只向外界暴露必要的功能和操作。例如，库存管理模块可以通过接口定义库存的增加、减少和查询操作，而具体的库存管理则隐藏在接口之后，便于系统的维护和扩展。

②数据封装。信息隐藏原则还体现在数据的封装上，通过封装数据实现对数据的保护和管理。在物流信息系统中，可以通过类和对象的封装，将数据的存取操作封装在类的方法中，防止数据被直接访问和修改，提高数据的安全性和一致性。例如，可以通过类封装订单信息，提供订单的创建、修改和查询方法，而不

直接暴露订单的内部数据结构。

③模块内聚与低耦合。信息隐藏原则强调模块的内聚性和低耦合性，通过隐藏模块的内部实现细节，可以减少模块的相互依赖性。在物流信息系统中，可以通过定义模块的接口和规范，确保模块之间的低耦合和高内聚，提高系统的可靠性和可维护性。例如，可以通过接口定义模块之间的数据交换和通信规范，确保模块之间的独立性和兼容性。

（2）信息隐藏原则的优势

①提高系统的安全性。信息隐藏可以将系统的实现细节隐藏起来，防止外部对系统内部的直接访问和修改，提高系统的安全性。在物流信息系统中，信息隐藏可以防止数据被非法访问和操作，确保系统的数据安全和一致性。

②增强系统的可靠性。信息隐藏可以减少模块的相互依赖性，提高系统的可靠性。在物流信息系统中，信息隐藏可以确保模块的独立性和兼容性，减少模块之间的影响，提高系统的稳定性和可靠性。

③便于系统的维护和扩展。信息隐藏可以将模块的实现细节隐藏起来，只向外界暴露必要的接口和功能，便于系统的维护和扩展。在物流信息系统中，信息隐藏可以在不影响其他模块的情况下，对具体模块进行修改和优化，提高系统的可维护性和可扩展性。

5．模块独立原则

模块独立原则强调系统的各个模块应当独立实现，模块之间的依赖应当最小化，以确保系统的高内聚和低耦合。这一原则在物流信息系统的开发设计中尤为重要，因为它可以提高系统的可靠性和可维护性，便于系统的扩展和优化。

（1）模块独立原则在物流信息系统中的应用

①模块功能独立。模块独立原则强调模块功能的独立性，每个模块应当独立实现特定的功能和逻辑。在物流信息系统中，可以根据业务需求和功能将系统划分为多个独立的模块。例如，仓储管理模块独立实现库存管理和仓库调度功能，运输管理模块独立实现路线规划和车辆调度功能，订单处理模块独立实现订单的创建和管理功能。模块功能独立可以确保系统的高内聚和低耦合，提高系统的可靠性和可维护性。

②模块接口独立。模块独立原则还强调模块接口的独立性，每个模块应当通

过独立的接口进行通信和数据交换。在物流信息系统中，可以通过定义模块的标准化接口，确保模块的独立性和兼容性。例如，可以通过API接口定义模块之间的数据交换和通信规范，以确保模块之间的数据传递和操作独立进行，减少模块的相互依赖。

③模块测试独立。模块独立原则还体现在模块的独立测试上，每个模块应当独立进行测试和验证，确保模块的功能和性能符合要求。在物流信息系统中，可以通过单元测试和集成测试，对各个模块进行独立测试，确保模块的功能和性能达到预期要求。例如，可以通过单元测试验证库存管理模块的功能，通过集成测试验证订单处理模块和运输管理模块的协同工作，以确保系统整体性能的实现。

（2）模块独立原则的优势

①提高系统的可靠性。模块独立可以减少模块之间的依赖，提高系统的可靠性。在物流信息系统中，通过模块功能和接口的独立，可以确保模块的独立性和兼容性，减少模块之间的影响，提高系统的稳定性和可靠性。

②增强系统的可维护性。模块独立可以将系统划分为多个独立的模块，便于系统的维护和管理。在物流信息系统中，通过模块的独立测试和验证，可以在不影响其他模块的情况下，对具体模块进行修改和优化，提高系统的可维护性和可扩展性。

③支持系统的扩展和优化。模块独立可以通过模块的组合和配置，实现系统的功能扩展和优化。在物流信息系统中，根据业务需求和技术发展，通过模块的独立设计和开发，灵活扩展和升级系统功能，提高系统的可扩展性和灵活性。

二、物流信息系统的开发过程及其生命周期

（一）物流信息系统的开发过程

软件开发过程是一个将用户需求转化为软件系统所需要的活动的集合。这些活动一般包括系统规划、系统需求分析和定义、软件需求分析、概要设计、详细设计、软件实现、组装测试、确认测试、系统联试、验收与交付、软件维护等。物流信息系统的开发过程就是一个软件开发过程。

1．结构化开发方法的软件开发过程

结构化开发方法将开发过程分为规划阶段、需求阶段、设计阶段、编码阶

段、测试阶段、维护阶段。各阶段的主要任务如下：

①规划阶段。对开发任务进行初步调研和可行性研究，确定工作范围、经费投入预算和开发时间等。

②需求阶段。也被称为系统分析阶段，通过详细调查，以及与用户反复沟通，对系统进行功能需求、性能需求、环境要求与限制等方面的分析，对业务流程和业务数据流程进行分析与梳理，最后形成软件规格说明书。

③设计阶段。根据系统规模的大小，设计阶段可分为总体设计和详细设计。总体设计包括系统的总体结构、模块划分、模块的功能说明以及模块之间的调用关系等内容；详细设计则包括模块内部的实现算法、输入/输出设计、数据库设计，最后形成软件设计说明书。

④编码阶段。由程序员根据软件设计说明书的要求，使用程序设计语言和相应的软件开发工具，编写出程序代码。

⑤测试阶段。通过制定测试计划，对软件进行单元测试、综合测试和系统测试，发现和排除程序中存在的错误。

⑥维护阶段。对已投入运行的系统进行完善性维护、正确性维护和适应性维护，包括系统功能的局部修改、故障的排除、性能的提高等。

2．面向对象开发方法的软件开发过程

在面向对象开发方法中，由Rational软件公司提出的统一软件开发过程将软件系统的开发看作一系列循环，每一次循环都包括四个阶段：初始、细化、构造和移交。每个阶段又可细分为对阶段性目标的实现所进行的多次迭代。这四个阶段的主要任务是：

①初始阶段。提出软件系统的业务实例；提出包含主要子系统的系统框架；确定系统最主要的风险及其优先次序；对细化阶段进行详细规划，对整个项目进行粗略估算。

②细化阶段。详细说明软件系统的绝大多数用例，设计出系统的架构；规划完成项目的活动，估算完成项目所需的资源；最关键的用例都要在本阶段具体化，最终形成系统的架构基线。

③构造阶段。构造出最终的软件产品。在这个阶段，架构基线逐渐发展成为完善的系统。

④移交阶段。包括用户培训、提供在线支持，以及改正交付之后发现的产品缺陷等活动。

（二）物流信息系统的生命周期

生命周期是指从设计信息系统到信息系统不能再使用的时间周期。生命周期可以划分成四个阶段，即诞生阶段、开发阶段、生产阶段和消亡阶段。

诞生阶段即开发过程中的规划阶段。开发阶段包括需求、设计、编码、测试、安装调试和验收等环节。生产阶段是指系统投入正式运行的阶段，对应于开发过程中的运行维护阶段。消亡阶段是指系统不再有价值时的终止运行的过程。

三、物流信息系统的开发模式及其选择

物流信息系统的开发模式主要是指采用什么样的组织方式来完成系统的建设和应用，主要包括自行开发、系统开发外包、合作开发和直接购买四种模式。

（一）自行开发

自行开发是指物流企业自己组织开发团队进行物流信息系统的开发。这种开发方式需要有出色的领导和企业自身的开发团队，包括系统分析师、程序设计师、计算机技术人员和有经验的管理人员等。

自行开发的主要优点：可锻炼本企业计算机开发应用的团队；当物流企业管理业务有变化或发展时，可以及时对物流信息系统进行变更、改进和扩充。

自行开发的主要缺点：系统开发周期一般较长，且容易受到本企业长期以来形成的习惯性管理方式的影响，不易开发出一个融入先进管理经验的高水平的物流信息系统。

（二）系统开发外包

随着计算机技术的发展和物流企业信息化建设的推进，物流企业在激烈的市场竞争中迫切需要利用信息化手段提升自身的管理水平和服务水平，因而对物流信息系统的要求也越来越高，要求系统具有强大而完善的功能，良好的性能和易用性，高度的可靠性、可用性和灵活性，以及尽可能低的约束性。这对软件开发的组织和人员提出了巨大挑战。信息技术的广泛性、复杂性决定了物流企业不可能配备足够的、技术很全面的专业人员从事企业自身的物流信息系统的开发工作。系统开发外包（也称为软件外包）应运而生。

1. 软件外包的概念

软件外包就是企业为了专注于核心竞争力业务和降低软件项目成本，将软件项目中的全部或部分工作发包给提供外包服务的企业完成的软件活动，即将组织内部的一部分软件工作通过签约方式发包给一个外部组织来完成。软件外包可分为三种：全部或部分软件系统的开发、已经打包或定制成包的软件产品的采购、软件开发生命周期的某些活动或过程的外包。

在过去，软件外包仅限于子合同或小规模的委外加工，随着软件应用和服务要求的提高，更多的企业转向软件外包，因此软件外包的范围和规模也不断升级。

2. 物流企业选择软件外包的前提

随着物流活动的规模不断扩大和复杂性不断提高，以及信息技术的快速发展和变化，物流企业会发现企业自身对信息系统的要求以及客户对信息系统的要求，已经远远超出了企业内部系统开发团队的交付能力。此时，就需要考虑选择软件外包。物流企业通过软件外包，可以充分利用组织外部最优秀的专业化资源，来达到降低成本、降低风险、提高效率、增强竞争力的目的。

3. 软件外包的过程

物流企业实施软件外包都是为了以最少的成本、最节约的资源得到最高质量的软件产品。软件外包是一种跨组织的软件开发服务和合作的过程，这无疑增加了软件外包项目管理的难度和风险因素。因此，开展软件外包不仅对软件企业的管理模式和风险管理机制提出了要求，而且对物流企业的内外协作机制和协调能力提出了更高要求。

物流企业实施软件外包主要分为以下几个阶段：

①计划阶段。计划阶段要明确外包的目的和范围，外包的可行性也要在外包决策之前进行论证；要确定外包项目的生命周期模型和里程碑时间表。

②招标书准备阶段。在确定外包决策之后，由物流企业编写并分发一份项目招标建议书（Request for Proposal，RFP），包括需要外包的具体软件产品或服务，需要开发方必须遵从的商业规则，以及一个合格开发方的选择标准等内容。

③选择开发方阶段。物流企业采用招标的形式发布RFP，收集投标者的反馈信息并加以分析，对投标者进行评价，选择合格的开发方。

④签订合同阶段。物流企业与中标的开发方进行协商，签订合同，将合同作为管理外包的根据。合同中需要明确软件产品的需求、IT开发过程中的里程碑及交付的工作产品、验收的标准、例外处理规程以及付款方式等内容。

⑤跟踪监督开发方阶段。物流企业需要跟踪并监督开发方的开发活动，以确保开发方依据合同办事。项目的成本、性能、进度和风险是物流企业需要监控的主要指标。物流企业跟踪和监控的方式可以是对开发方的过程或中间产品进行评审，保持与开发方之间的沟通渠道畅通，从而知晓开发方在开发过程中的有关情况。

⑥合同结束阶段。物流企业需要对开发方交付的产品或服务进行测试或评定，以确保符合合同要求。如果满足合同要求，物流企业就可以结束合同，否则需要按照合同的例外处理规程执行。合同结束时，物流企业需对开发方的工作进行评价并备案。

（三）合作开发

合作开发又称协同软件开发，是指企业内部组织和签约的外部组织一起完成一项软件开发任务。

当物流企业自身有一定的软件开发能力，又希望借助企业外部的资源和专业优势时，可以选择合作开发模式。合作开发模式的主要优点：在合作开发中，可发挥企业外部人员专业技术力量强、企业内部人员对物流业务熟悉的优势，共同开发出具有较高水平且实用性强的系统。

（四）直接购买

在物流软件市场，国内外已开发出很多具有一定通用性的物流信息系统软件，可供物流企业选择。理论上讲，购买商品化物流信息系统软件是最省力、最经济的开发方式。从第三方购买或获得的现成物流信息系统软件被称为外购软件。一般而言，成熟的软件产品都经历了多年的实践，成熟度高，性能稳定，且融入了许多先进的管理思想和手段。采购物流信息系统软件产品也符合社会专业化分工协作的规律。因此，自身不具备系统开发能力的中小型物流企业，可直接购买成熟的物流信息系统软件。

（五）开发模式的比较与选择

如前所述，物流信息系统的四种开发模式各有其优势和不足。下面将从人才队伍、项目管理和系统开发三个方面，对其进行比较和分析（见表2-2）。

表2-2 物流信息系统的四种开发模式比较

比较内容		自行开发	系统开发外包	合作开发	直接购买
人才队伍	专门的开发团队	需要	不需要	需要	不需要
	管理人员	需要	需要	需要	不需要
	业务人员	需要	需要	需要	需要
	维护人员	需要	不需要	需要	不需要
项目管理	能力、部门、制度、质量保证体系	需要	不需要	需要	不需要
	协作机制、协调能力	需要	需要	需要	不需要
	软件采办能力	需要	需要	需要	需要
系统开发	适用性	最好	较好	好	最差
	集成性	较低	较高	较高	较高
	稳定性	较低	较低	较低	较高
	开发周期	长	较短	较长	最短
	成本控制	难	较易	较难	最易
	软件维护	便利	有保障	便利	有保障
	升级换代	定期困难	定期困难	定期困难	定期容易

在人才队伍方面，自行开发模式和合作开发模式，都要求物流企业必须拥有一支相对稳定的开发团队，以及管理人员、业务人员、维护人员。若采用系统开发外包模式，则不需要专门的开发团队，但必须有懂管理、熟悉业务、了解软件开发过程的人才参与。直接购买模式只需要熟悉业务的人员对计算机应用知识有基本的了解即可。

在项目管理方面，自行开发模式和合作开发模式都要求物流企业具有很强的项目管理能力，要求具有相应的项目管理部门、完善的项目管理制度和质量保证体系，这样才能确保开发出高质量的软件系统。在系统开发外包模式中，虽然物流企业不需要具备专门的软件开发过程的项目管理能力，但对内外协作机制和高度协调能力的要求更高了，需要其从提高自身的角度来获得必要的专业技术，如利用软件采办能力成熟度（SA-CMM）模型，来帮助物流企业对系统开发外包项目进行有效的质量管理，以分担项目风险和成本，以及重复利用产品和经验。直接购买模式不涉及软件系统的项目管理问题，但对物流企业的软件采办能力有一定的要求。

在系统开发适用性上，自行开发的系统一般充分考虑了物流企业内部管理的实际情况，由于熟悉业务而能对企业经营模式进行全面的把握，因此开发出来的软件系统在适用性上是最好的。采用系统开发外包模式开发系统时，往往会因开发方对物流企业的管理和业务流程的理解不完全准确，系统在适用性方面会有一定的偏差。合作开发模式开发出的系统，其适用性介于自行开发与系统开发外包之间。直接购买的系统则更多地考虑通用功能和管理模式，所以适用性是最差的。

在系统开发方面的集成性上，自行开发的系统由于过于强调适用性，往往只是对企业现有管理过程进行简单的信息化，将以往的手工文档变成了电子文档。软件的设计人员和开发人员一般不能通盘考虑企业的整体管理和经营思路，所以在系统管理的集成性方面较差。各个环节的电子数据常常会成为一个个"信息孤岛"，无法为物流企业的管理者和决策者提供有效的信息和决策依据。其他三种模式都可以借助软件开发方多年行业经验和比较强的开发能力，使目标系统能够基于先进的管理理论和实践经验，将各个环节的数据集中分析、集中管理，注重系统的合理性，强调逻辑性，从而实现数据的一致性和有效性，将物流企业的物流、资金流、计划流、信息流合理规划，为企业的管理者和决策者提供及时有效的数据信息和决策依据。

在系统开发方面的稳定性上，直接购买的商品化软件一般都经过了众多客户的检验，问题很少，具有较高的稳定性。其他三种模式开发出来的系统，由于未经过实践检验，所以在稳定性方面远远低于商品化软件。

在系统的开发周期与成本控制上，自行开发系统要经历软件生命周期的各个环节，开发周期较长，开发成本不容易控制。系统开发外包模式可以因重复使用软件开发方以往的项目成果而缩短开发周期。由于系统开发外包的投入是事先确定的，且有项目合同，所以对物流企业而言，成本是可控制的。合作开发模式的开发周期和成本控制的难度介于自行开发模式和系统开发外包模式之间。直接购买的商品化软件省去了软件生命周期的开发过程，直接进入安装、运行、维护阶段，周期最短，成本最容易控制。

第三章
现代物流过程与管理

第一节 物流信息与管理

一、物流信息系统的组成

（一）物流信息采集系统

物流信息采集系统是物流信息管理的基础，它负责收集和获取物流过程中产生的各种信息。信息采集系统包括多种设备和技术，如条码扫描器、RFID标签及读写器、全球定位系统设备和各种传感器等。

1. 条码扫描器

条码扫描器是最常见的信息采集设备之一，通过扫描条码，可以快速准确地获取货物的基本信息，如商品名称、规格、数量和生产日期等。条码技术具有成本低、操作简便和识别准确等优点，广泛应用于仓储、运输和配送等环节。

2. RFID技术

RFID技术是一种利用无线射频进行非接触式信息传输和识别的技术。RFID标签可以附着在货物、托盘或运输工具上，通过RFID读写器进行信息的读取和写入。RFID技术具有读取距离远、识别速度快、存储容量大和抗干扰能力强等优点，适用于需要高效实时跟踪和管理的物流场景。

3. 全球定位系统设备

全球定位系统设备通过卫星定位技术，实时获取车辆、船舶和飞机等运输工具的地理位置和运动轨迹，在运输管理中起着重要作用，可以实现运输路径优化、车辆调度和实时监控，确保货物的安全和准时送达。

4. 传感器技术

各种传感器技术（如温度传感器、湿度传感器、压力传感器等）在物流信息采集中也发挥着重要作用。这些传感器可以实时监控货物的环境条件，确保特殊货物（如医药产品、食品等）在运输和存储过程中的质量和安全。

（二）物流信息传输系统

物流信息传输系统负责将采集到的物流信息进行传输和交换，确保信息的及时性和准确性。常见的传输技术包括无线通信技术、移动通信技术和互联网通信技术等。

1. 无线通信技术

无线通信技术通过无线信号传输数据，常用于仓库内部或短距离的物流信息传输。常见的无线通信技术包括WiFi、蓝牙和Zigbee等。这些技术可以实现设备之间的实时数据传输和互联，提高物流信息的传递速度和准确性。

2. 移动通信技术

移动通信技术通过移动网络（如4G、5G）进行数据传输，适用于长距离和移动状态下的物流信息传输。通过移动通信技术，可以实现物流车辆和中心管理系统之间的实时数据交换，支持车辆定位、状态监控和远程调度等功能。

3. 互联网通信技术

互联网通信技术通过互联网进行数据传输，适用于大规模和跨地域的物流信息传输。通过互联网，物流企业可以实现全球范围内的物流信息共享和数据传递，可以实现跨境电商和国际物流的高效管理。

（三）物流信息处理系统

物流信息处理系统负责对采集到的信息进行分析、处理和存储，为物流管理提供数据支持和决策依据。常见的信息处理技术包括数据管理系统、大数据分析系统和智能决策系统等。

1. 数据管理系统

数据管理系统用于存储和管理物流数据，确保数据的完整性和安全性。常见的数据管理系统包括数据库管理系统（DBMS）和数据仓库等。这些系统可以对大量的物流数据进行存储、查询和管理，支持物流企业的日常运营和管理决策。

2．大数据分析系统

大数据分析系统通过先进的数据分析技术，对海量的物流数据进行分析和挖掘，发现数据中的规律和趋势。常见的大数据分析技术包括数据挖掘、机器学习和数据可视化等。通过大数据分析，可以实现物流需求预测、路径优化和客户行为分析等功能，提升物流管理的科学性和准确性。

3．智能决策系统

智能决策系统通过人工智能技术和算法模型，对物流数据进行分析和处理，支持物流管理的自动化决策。常见的智能决策技术包括专家系统、神经网络和遗传算法等。通过智能决策系统，可以实现物流调度、库存管理和运输规划等功能，提高物流管理的效率和智能化水平。

（四）物流信息应用系统

物流信息应用系统是物流信息管理的具体实现，负责将处理后的信息应用于物流过程的各个环节。常见的应用系统包括仓储管理系统、运输管理系统、订单管理系统（OMS）和客户关系管理系统等。

1．仓储管理系统

仓储管理系统用于管理仓库中的货物存储和作业流程。通过仓储管理系统，可以实现货物的入库、存储、盘点和出库等一系列操作的自动化管理，提高仓库的作业效率和管理水平。

2．运输管理系统

运输管理系统用于管理货物的运输和配送过程。通过运输管理系统，可以实现运输任务的分配、运输路径的优化和运输车辆的调度等功能，提高运输的效率和准确性。

3．订单管理系统

订单管理系统用于管理客户订单的处理和执行。通过订单管理系统，可以实现订单的生成、审批、执行和跟踪等一系列操作的自动化管理，确保订单的及时处理和准确执行。

4．客户关系管理系统

客户关系管理系统用于管理客户信息和客户服务。通过该系统，可以实现客户信息的存储、查询和分析，支持客户服务的个性化和精细化，提高客户满意度和忠诚度。

二、物流信息管理的主要任务

（一）信息采集与传输

信息采集与传输是物流信息管理的基础任务，利用高效的信息采集和传输系统，可以实时获取和传递物流过程中的各类信息，确保物流数据的准确性和及时性。

1．信息采集

信息采集是物流信息管理的第一步，通过各种信息采集设备（如条码扫描器、RFID标签、全球定位系统设备和传感器等），可以实时获取物流过程中产生的各类信息。这些信息包括货物的基本信息、运输工具的位置信息和环境条件等。

2．信息传输

信息传输是物流信息管理的关键环节，通过无线通信、移动通信和互联网通信等技术，可以实现物流信息的实时传递和共享。信息传输的及时性和准确性直接影响物流管理的效率和效果。

（二）信息处理与分析

信息处理与分析是物流信息管理的核心任务，利用先进的信息处理和分析技术，可以对物流数据进行深度分析和挖掘，发现物流过程中的规律和问题，支持物流运作的优化和决策。

1．信息处理

信息处理是指对采集到的物流信息进行存储、管理和处理，通过数据管理系统，可以对大量的物流数据进行有效的存储和管理，确保数据的完整性和安全性。

2．信息分析

信息分析是指对处理后的物流数据进行分析和挖掘，通过大数据分析系统，可以发现物流数据中的规律和趋势，支持物流需求预测、路径优化和客户行为分析等功能，提高物流管理的科学性和准确性。

（三）信息存储与管理

信息存储与管理是物流信息管理的重要任务，利用高效的信息存储和管理系统，可以对物流数据进行有效的存储和管理，确保物流数据的安全性和可用性。

1. 信息存储

信息存储是指对采集到的物流信息进行长期存储，通过数据仓库和数据库管理系统，可以对大量的物流数据进行高效的存储和管理，确保数据的持久性和可用性。

2. 信息管理

信息管理是指对存储的物流信息进行管理和维护，通过数据管理系统，可以对物流数据进行分类、索引和查询，确保数据的完整性和安全性，提高物流信息的利用率和管理水平。

（四）信息应用与服务

信息应用与服务是物流信息管理的最终任务，通过高效的信息应用和服务系统，可以将物流信息应用到实际的物流运作和管理中，提高物流效率和服务水平。

1. 信息应用

信息应用是指将处理后的物流信息应用到实际的物流运作和管理中，通过各种物流信息应用系统（如仓储管理系统、运输管理系统、订单管理系统和客户关系管理系统等），可以实现物流过程的自动化和智能化管理，提高物流效率和服务水平。

2. 信息服务

信息服务是指通过物流信息系统提供各种的物流服务，包括客户服务、物流咨询和信息查询等。通过高效的信息服务系统，可以提高客户满意度和忠诚度，增强企业的市场竞争力。

三、物流信息管理的技术手段

（一）物联网技术

物联网技术是现代物流信息管理的重要手段，通过物联网设备，可以实时采集和传输物流过程中产生的各类信息，确保物流数据的准确性和及时性。

1．物联网设备

物联网设备包括各种传感器、RFID标签、全球定位系统设备和智能终端等，通过这些设备可以实时采集和传输物流过程中产生的各类信息，确保物流数据的准确性和及时性。

2．物联网平台

物联网平台用于管理和处理物联网设备采集到的数据，通过物联网平台，可以实现设备的管理、数据的存储和分析，提高物流信息管理的效率和效果。

3．物联网应用

物联网应用是指将物联网技术应用到物流管理的各个环节，包括仓储管理、运输管理和配送管理等。通过物联网应用，可以实现物流过程的实时监控和管理，提高物流效率和服务水平。

（二）大数据技术

大数据技术是现代物流信息管理的重要手段，通过大数据分析，可以对物流数据进行深度分析和挖掘，发现物流过程中的规律和问题，支持物流运作的优化和决策。

1．大数据采集

大数据采集是指通过各种信息采集设备和技术，获取物流过程中产生的海量数据。通过高效的数据采集系统，可以实时获取物流数据，确保数据的完整性和及时性。

2．大数据存储

大数据存储是指对采集到的海量物流数据进行存储和管理，通过大数据存储系统，可以对大量的物流数据进行高效的存储和管理，确保数据的持久性和可用性。

3．大数据分析

大数据分析是指对存储的物流数据进行分析和挖掘，通过大数据分析系统，可以发现数据中的规律和趋势，支持物流需求预测、路径优化和客户行为分析等功能，能够提高物流管理的科学性和准确性。

4．大数据应用

大数据应用是指将大数据分析的结果应用到实际的物流运作和管理中，通过大数据应用系统，可以实现物流过程的优化和智能化管理，提高物流效率和服务水平。

（三）云计算技术

云计算技术是现代物流信息管理的重要手段，通过云计算平台，可以实现物流数据的高效存储和处理，提高物流信息管理的效率和灵活性。

1. 云存储

云存储是指通过云计算平台，对物流数据进行高效的存储和管理。利用云存储技术，可以实现物流数据的分布式存储，提高数据的持久性和可用性。

2. 云计算

云计算是指通过云计算平台，对物流数据进行高效的计算和处理。利用云计算技术，可以实现物流数据的分布式处理和计算，提高数据处理的效率和灵活性。

3. 云服务

云服务是指通过云计算平台，提供各种物流信息服务。利用云服务技术，可以实现物流信息的共享和传递，提高物流信息管理的效率和服务水平。

（四）人工智能技术

人工智能技术是现代物流信息管理的重要手段，利用人工智能技术，可以实现物流过程的智能化和自动化管理，提高物流效率和服务水平。

1. 智能决策

智能决策是指利用人工智能技术，对物流数据进行分析和处理，支持物流管理的自动化决策。通过智能决策系统，可以实现物流调度、库存管理和运输规划等功能，提高物流管理的效率和智能化水平。

2. 智能预测

智能预测是指利用人工智能技术，对物流需求进行预测和分析。通过智能预测系统，可以实现物流需求的精准预测，支持物流资源的优化配置，提高物流效率和服务水平。

3. 智能优化

智能优化是指利用人工智能技术，对物流过程进行优化和改进。通过智能优化系统，可以实现物流路径的优化、运输资源的调度和库存的优化管理，提高物流过程的效率和效果。

4．智能机器人

智能机器人是指利用人工智能技术，实现物流作业的自动化和智能化。利用智能机器人技术，可以实现仓储、搬运和配送等作业的自动化，提高物流作业的效率和安全性。

四、物流信息管理的实际应用

（一）仓储管理中的信息应用

仓储管理是物流管理的重要环节，通过高效的信息管理系统，可以实现仓库的自动化和智能化管理，提高仓储作业的效率和准确性。

1．货物入库管理

货物入库管理是仓储管理的基础任务，通过信息管理系统，可以实现货物的入库登记、分类存放和位置分配等操作，提高入库作业的效率和准确性。

2．库存管理

库存管理是仓储管理的重要任务，通过信息管理系统，可以实现库存的实时监控、盘点和调整等操作，提高库存管理的效率和准确性，减少库存积压和缺货现象。

3．出库管理

出库管理是仓储管理的重要任务，通过信息管理系统，可以实现货物的出库登记、订单匹配和配送安排等操作，提高出库作业的效率和准确性，确保货物的及时送达。

（二）运输管理中的信息应用

运输管理是物流管理的重要环节，通过高效的信息管理系统，可以实现运输过程的自动化和智能化管理，提高运输的效率和服务水平。

1．运输任务分配

运输任务分配是运输管理的基础任务，通过信息管理系统，可以实现运输任务的合理分配和优化安排，提高运输资源的利用率和运输效率。

2．运输路径优化

运输路径优化是运输管理的重要任务，通过信息管理系统，可以实现运输路径的优化和调整，提高运输的效率和准确性，降低运输成本和时间。

3．运输状态监控

运输状态监控是运输管理的重要任务，通过信息管理系统，可以实现运输车辆的实时定位和状态监控，确保运输过程的安全性和及时性，提高运输服务的透明度和可控性。

（三）订单管理中的信息应用

订单管理是物流管理的重要环节，通过高效的信息管理系统，可以实现订单的自动化和智能化管理，提高订单处理的效率和准确性。

1．订单生成

订单生成是订单管理的基础任务，通过信息管理系统，可以实现订单的自动生成和处理，提高订单生成的效率和准确性，减少人工操作的错误和延迟。

2．订单审批

订单审批是订单管理的重要任务，通过信息管理系统，可以实现订单的自动审批和审核，提高订单审批的效率和准确性，确保订单的合法性和规范性。

3．订单跟踪

订单跟踪是订单管理的重要任务，通过信息管理系统，可以实现订单的实时跟踪和监控，提高订单跟踪的效率和准确性，确保订单的及时执行和交付。

（四）客户关系管理中的信息应用

客户关系管理是物流管理的重要环节，通过高效的信息管理系统，可以实现客户信息的存储、查询和分析，提高客户服务的个性化和精细化，提高客户满意度和忠诚度。

1．客户信息管理

客户信息管理是客户关系管理的基础任务，通过信息管理系统，可以实现客户信息的存储和管理，提高客户信息管理的效率和准确性，支持客户服务的个性化和精细化。

2．客户服务管理

客户服务管理是客户关系管理的重要任务，通过信息管理系统，可以实现客户服务的自动化和智能化，提高客户服务的效率和质量，提升客户满意度和忠诚度。

3. 客户分析与预测

客户分析与预测是客户关系管理的重要任务，通过信息管理系统，可以对客户数据进行分析和预测，发现客户需求和行为的规律，支持客户服务的优化和改进，提升客户满意度和忠诚度。

第二节 商品采购与管理

一、采购需求分析

采购需求分析是商品采购的基础任务，通过对企业生产经营和市场需求进行分析，确定采购的品种、数量和时间，制定合理的采购计划。

（一）内部需求分析

内部需求分析是指通过对企业内部各部门的需求进行调查和分析，确定需要采购的物资和服务。企业的各个部门，如生产部门、销售部门和研发部门，都会有不同的物资需求。通过内部需求分析，可以全面了解各部门的需求，确保采购计划的准确性和合理性。

1. 生产需求

生产部门的需求主要包括原材料、零部件和生产设备等。通过分析生产计划和生产流程，可以确定生产所需的物资和服务，确保生产的连续性和稳定性。

2. 销售需求

销售部门的需求主要包括销售产品和促销物资等。通过分析销售计划和市场需求，可以确定销售所需的物资和服务，确保销售的顺利进行并提高市场占有率。

3. 研发需求

研发部门的需求主要包括研发设备、试验材料和技术服务等。通过分析研发计划和研究项目，可以确定研发所需的物资和服务，确保研发的顺利进行和技术的创新。

（二）外部需求分析

外部需求分析是指通过对市场和客户的需求进行调查和分析，确定需要采购的物资和服务。市场和客户的需求是企业采购的重要依据，通过外部需求分析，可以确保采购计划的市场导向和客户满意度。

1．市场需求

市场需求分析是指通过对市场的调查和分析，了解市场的需求变化和趋势，确定需要采购的物资和服务。通过市场需求分析，可以确保市场导向正确并提高市场竞争力。

2．客户需求

客户需求分析是指通过对客户的调查和分析，了解客户的需求和期望，确定需要采购的物资和服务。通过客户需求分析，可以提升客户满意度和忠诚度。

（三）需求预测

需求预测是指通过对历史数据和未来趋势的分析，预测未来的需求变化和趋势，制定合理的采购计划。需求预测是采购需求分析的重要环节，通过需求预测，可以提高采购计划的准确性和合理性。

1．历史数据分析

历史数据分析是指通过对过去的采购数据和销售数据进行分析，了解需求的变化规律和趋势，为需求预测提供依据。通过历史数据分析，可以预测未来的需求变化，提高采购计划的准确性。

2．未来趋势分析

未来趋势分析是指通过对市场和技术的变化趋势进行分析，预测未来的需求变化和趋势，为需求预测提供依据。通过未来趋势分析，可以预测未来的需求变化，提高采购计划的合理性。

二、供应商选择与管理

供应商选择与管理是商品采购的重要任务，通过对供应商的评估和选择，可以确定可靠的供应商，确保采购的质量和数量。供应商管理包括供应商的评估和选择、绩效评估、关系维护和合作管理等。

（一）供应商评估

供应商评估是供应商选择与管理的基础，通过对潜在供应商的评估，可以确定符合要求的供应商。供应商评估包括供应商的资质评估、能力评估和信誉评估等。

1．资质评估

资质评估是指对供应商的合法资质和认证进行评估，确保供应商的合法性和合规性。通过资质评估，可以筛选出具有合法资质和认证的供应商，确保采购的合法性和规范性。

2．能力评估

能力评估是指对供应商的生产能力、技术能力和服务能力进行评估，确保供应商的能力符合要求。通过能力评估，可以筛选出具有较强能力的供应商，确保采购的质量和数量。

3．信誉评估

信誉评估是指对供应商的市场信誉和客户评价进行评估，确保供应商的信誉符合要求。通过信誉评估，可以筛选出信誉良好的供应商，确保采购的可靠性和稳定性。

（二）供应商选择

供应商选择是供应商选择与管理的重要环节，通过对供应商的综合评估，可以确定符合要求的供应商。供应商选择包括供应商的综合评估、竞争性谈判和最终选择等。

1．综合评估

综合评估是指对供应商的资质、能力和信誉等进行综合评估，确定符合要求的供应商候选名单。通过综合评估，可以筛选出符合要求的供应商，为供应商的选择提供依据。

2．竞争性谈判

竞争性谈判是指通过与供应商进行竞争性谈判，确定最终的供应商。通过竞争性谈判，可以了解供应商的报价和条件，选择最符合要求的供应商。

3．最终选择

最终选择是指通过综合评估和竞争性谈判，确定最终的供应商。通过最终选择，可以确定最符合要求的供应商，确保采购的质量和数量。

（三）供应商绩效评估

供应商绩效评估是供应商管理的重要环节，通过对供应商的绩效进行评估，可以了解供应商的实际表现，确保采购的质量和数量。供应商绩效评估包括供应商的交货及时性、质量合格率和服务满意度等。

1．交货及时性

交货及时性是指供应商按照合同规定的时间交货的能力。通过评估供应商的交货及时性，可以了解供应商的履约能力，确保采购的及时性和准确性。

2．质量合格率

质量合格率是指供应商交货的质量符合要求的比例。通过评估供应商的质量合格率，可以了解供应商的质量控制能力，确保采购的质量和数量。

3．服务满意度

服务满意度是指供应商提供的服务符合客户需求和期望的程度。通过评估供应商的服务满意度，可以了解供应商的服务能力，确保采购的客户满意度和忠诚度。

（四）供应商关系维护

供应商关系维护是供应商管理的重要环节，通过与供应商建立和维护良好的合作关系，可以确保采购的稳定性和可靠性。供应商关系维护包括与供应商的合作沟通、问题解决和合作激励等。

1．合作沟通

合作沟通是指通过与供应商进行定期的沟通和交流，了解供应商的需求和期望，建立和维护良好的合作关系。通过合作沟通，可以解决合作中的问题，增强合作的稳定性和可靠性。

2．问题解决

问题解决是指通过与供应商共同解决合作中出现的问题，确保合作的顺利进行。通过问题解决，可以确保合作的效率和效果，增强合作的稳定性和可靠性。

3．合作激励

合作激励是指通过对供应商进行适当的激励，提高供应商的积极性和合作意愿。通过合作激励，可以增强供应商的合作动力，增强合作的稳定性和可靠性。

三、采购合同管理

采购合同管理是商品采购的重要任务，通过制定和管理采购合同，可以明确采购的条款和条件，确保采购的合法性和规范性。采购合同管理包括合同的签订、执行和履约等。

（一）合同签订

合同签订是采购合同管理的基础，通过合同的签订，可以明确采购的条款和条件，确保采购的合法性和规范性。合同签订包括合同的起草、审核和签署等。

1．合同起草

合同起草是指根据采购需求和供应商的条件，起草采购合同。合同起草的目的是明确采购的品种、数量、价格和交货时间等条款，确保采购的明确性和规范性。

2．合同审核

合同审核是指对起草的采购合同进行审核，确保合同的合法性和规范性。通过合同审核，可以发现和解决合同中的问题，确保合同的合法性和规范性。

3．合同签署

合同签署是指通过供应商和采购方的签字确认，正式签订采购合同。通过合同签署，可以明确双方的权利和义务，确保合同的合法性和规范性。

（二）合同执行

合同执行是采购合同管理的重要环节，通过对合同的执行，可以确保采购的顺利进行。合同执行包括合同的履行、监督和管理等。

1．合同履行

合同履行是指按照合同规定的条款和条件，履行采购的义务。

2．合同监督

合同监督是指对合同的执行情况进行监督，发现和解决合同执行中出现的问题，确保合同的顺利履行。

3．合同管理

合同管理是指对合同的执行过程进行管理，确保合同的合法性和规范性。

（三）合同履约

合同履约是采购合同管理的重要环节，通过对合同的履约情况进行评估，可以了解合同的执行情况，确保采购的质量和数量。合同履约包括合同的验收、结算和评价等。

1．合同验收

合同验收是指对供应商交付的货物进行验收，确保货物的质量和数量符合合同规定。通过合同验收，可以确保合同的合法性和规范性。

2．合同结算

合同结算是指对合同的货款进行结算，确保合同的顺利履行。

3．合同评价

合同评价是指对合同的履约情况进行评价，了解合同的执行效果，发现和解决合同执行中的问题，提高合同执行的效率和效果。

四、采购订单管理

采购订单管理是商品采购的重要任务，通过制定和管理采购订单，可以明确采购的具体要求和流程，确保采购的及时性和准确性。采购订单管理包括订单的生成、审批、执行和跟踪等。

（一）订单生成

订单生成是采购订单管理的基础，通过订单的生成，可以明确采购的品种、数量、价格和交货时间等具体要求，确保采购的明确性和规范性。订单生成包括订单的起草、审核和生成等。

1．订单起草

订单起草是指根据采购需求和供应商的条件，起草采购订单，明确采购的具体要求和流程。

2．订单审核

订单审核是指对起草的采购订单进行审核，确保订单的合法性和规范性，以及时发现和解决订单中的问题。

3．订单生成

订单生成是指通过审核的采购订单正式生成。通过订单生成，可以明确采购的具体要求和流程，确保采购的明确性和规范性。

（二）订单审批

订单审批是采购订单管理的重要环节，通过订单的审批，可以确保订单的合法性和规范性，确保采购的顺利进行。订单审批包括订单的审批流程、审批标准和审批权限等。

1．审批流程

审批流程是指订单审批的具体流程和步骤，审批流程包括订单的提交、审核、审批和签署等环节。

2．审批标准

审批标准是指订单审批的具体标准和条件，审批标准包括订单的品种、数量、价格和交货时间等具体要求。

3．审批权限

审批权限是指订单审批的具体权限和责任，审批权限包括订单的审批人、审批权限和审批责任等具体要求。

（三）订单执行

订单执行是采购订单管理的重要环节，通过对订单的执行，可以确保采购的顺利进行。订单执行包括订单的下达、执行和管理等。

1．订单下达

订单下达是指通过供应商和采购方的确认，正式下达采购订单，明确双方的权利和义务，确保订单的合法性和规范性。

2．订单执行

订单执行是指按照订单规定的条款和条件，执行采购的义务，确保采购的顺利进行。

3．订单管理

订单管理是指对订单的执行过程进行管理，提高订单执行的效率和效果。

（四）订单跟踪

订单跟踪是采购订单管理的重要环节，通过对订单的跟踪，可以了解订单的执行情况，确保采购的质量和数量。订单跟踪包括订单的跟踪、监控和反馈等。

1．订单跟踪

订单跟踪是指对订单的执行情况进行跟踪，确保订单的顺利履行。通过订单跟踪，可以发现和解决订单执行中出现的问题，确保订单的合法性和规范性。

2．订单监控

订单监控是指对订单的执行情况进行监控，实时了解订单的执行情况，确保采购的质量和数量。

3．订单反馈

订单反馈是指对订单的执行情况进行反馈，了解订单的执行效果。

五、采购管理方法

采购管理方法是指在商品采购过程中使用的各种管理方法和技术，提高采购的效率和质量，降低采购成本。采购管理方法包括集中采购与分散采购、招标采购与竞争性谈判、电子采购与传统采购等。

（一）集中采购与分散采购

1．集中采购

集中采购是指企业将采购任务集中在一个部门或机构，由其负责采购的计划、执行和管理。通过集中采购，可以提高采购的规模效益和议价能力，降低采购成本。例如，大型企业通常采用集中采购的方式，以实现统一采购、批量采购和集中管理，提高采购的效率和质量。

2．分散采购

分散采购是指企业将采购任务分散到各个业务部门或机构，由其分别负责采购的计划、执行和管理。通过分散采购，可以提高采购的灵活性和响应速度，满足不同部门的采购需求。例如，小型企业和初创企业通常采用分散采购的方式，以实现灵活采购、快速响应和个性化采购，提高采购的灵活性和适应性。

（二）招标采购与竞争性谈判

1．招标采购

招标采购是指企业通过公开招标的方式，选择最符合要求的供应商进行采购。通过招标采购，可以提高采购的透明度和公正性，降低采购风险。例如，政府机构和大型企业通常采用招标采购的方式，吸引更多的供应商参与竞争。

2．竞争性谈判

竞争性谈判是指企业通过与多个供应商进行竞争性谈判，选择最符合要求的供应商进行采购。通过竞争性谈判，可以提高采购的灵活性和效率，满足企业的特殊采购需求。例如，紧急采购和特殊项目采购通常采用竞争性谈判的方式，快速选择符合要求的供应商，提高采购的效率和效果。

（三）电子采购与传统采购

1．电子采购

电子采购是指企业通过电子商务平台或电子采购系统进行采购。例如，通过B2B电子商务平台，企业可以实现在线采购、在线支付和在线管理，提高采购的效率和透明度，降低采购成本。

2．传统采购

传统采购是指企业以传统的采购方式，如电话、传真、邮件等进行采购。例如，小批量采购和特殊物资采购通常采用传统采购的方式，以实现个性化采购和灵活采购，提高采购的适应性和灵活性。

第三节　仓储与库存管理

一、仓储规划与设计

仓储规划与设计是仓储管理的基础，通过科学的规划和设计，可以提高仓库的利用率和作业效率，降低仓储成本。

（一）仓库选址

仓库选址是仓储规划与设计的第一步，选址的合理性直接影响仓库的运营效率和物流成本。仓库选址需要考虑以下因素。

1．地理位置

仓库的地理位置应当接近交通干线和物流节点，如公路、铁路、港口和机场等，以便货物的进出和运输。

2．市场需求

仓库的选址应当接近主要的市场和客户，以缩短配送时间和运输距离，提高服务水平和客户满意度。

3．成本因素

仓库的选址还需要考虑土地成本、建设成本和运营成本等因素，选择经济适用的仓库位置，降低仓储成本。

（二）仓库布局设计

仓库布局设计是仓储规划与设计的重要环节，通过合理的布局设计，可以提高仓库的利用率和作业效率。

1．功能分区

仓库布局设计应当根据不同的功能进行合理分区，包括收货区、存储区、分拣区、包装区和发货区等，确保各区域的功能明确和协调运作。

2．货位设计

货位设计是仓库布局设计的重要内容，通过科学的货位设计，可以提高仓库的利用率和作业效率。货位设计应当根据货物的特性和存储需求，合理确定货位的大小、形状和布局。

3．通道设计

通道设计是仓库布局设计的重要内容，通过合理的通道设计，可以提高仓库的作业效率和安全性。通道设计应当根据货物的流动路径和作业流程，合理确定通道的宽度、位置和方向。

（三）仓库设施配置

仓库设施配置是仓储规划与设计的重要内容，通过科学的设施配置，可以提高仓库的利用率和作业效率。

1．货架系统

货架系统是仓库设施配置的重要组成部分，通过合理的货架系统配置，可以提高仓库的存储容量和作业效率。货架系统应当根据货物的特性和存储需求，选择合适的货架类型和布局方式。

2．搬运设备

搬运设备是仓库设施配置的重要组成部分，通过合理的搬运设备配置，可以提高仓库的作业效率和安全性。搬运设备包括叉车、输送带和自动导引车等，应当根据仓库的作业流程和货物特性，选择合适的搬运设备。

3．信息系统

信息系统是仓库设施配置的重要组成部分，通过高效的信息系统，可以实现仓库作业的自动化和智能化管理。信息系统包括仓储管理系统和物联网设备等，应当根据仓库的管理需求，选择合适的信息系统和设备。

二、货物存储与管理

货物存储与管理是仓储管理的重要任务，通过合理的存储和科学的管理，可以提高货物存储的安全性和准确性，降低仓储成本。

（一）货物入库管理

货物入库管理是货物存储与管理的基础任务，通过科学的入库管理，可以确保货物的数量和质量符合要求，保证仓库的正常运作。

1．入库检查

入库检查是指对入库货物的数量和质量进行检查，以确保货物符合采购合同和订单的要求。入库检查包括外观检查、数量核对和质量检验等。

2．入库登记

入库登记是指对入库货物的信息进行登记和记录，以确保货物信息的准确性和可追溯性。入库登记包括货物的品名、规格、数量、入库时间和存放位置等信息的记录。

3．货位分配

货位分配是指根据货物的特性和存储需求，合理确定货物的存放位置，确保货物的存储安全和管理便利。货位分配包括货物的分类、分区和定位等操作。

（二）货物存储管理

货物存储管理是货物存储与管理的重要任务，通过合理的存储和科学的管理，可以提高货物存储的安全性和准确性，降低仓储成本。

1．存储方法

存储方法是指根据货物的特性和存储需求，选择合适的存储方式，以确保货物的存储安全和管理便利。常见的存储方法包括堆码存储、货架存储和托盘存储等。

2．货位管理

货位管理是指对货物的存放位置进行管理，以确保货物的存储安全和管理便利。货位管理包括货位编号、货位标识和货位调整等操作。

3．环境控制

环境控制是指对仓库的温度、湿度和通风等环境条件进行控制，以确保货物的存储安全和质量。环境控制包括温度控制、湿度控制和通风管理等操作。

（三）货物盘点管理

货物盘点管理是货物存储与管理的重要任务，通过定期和不定期的盘点，可以确保库存数据的准确性和货物存储的安全性。

1．盘点计划

盘点计划是指制定货物盘点的具体计划和安排，以确保盘点工作的有序进行。盘点计划包括盘点的时间、范围和人员安排等内容。

2．盘点实施

盘点实施是指按照盘点计划进行货物盘点，以确保盘点数据的准确性和全面性。盘点实施包括盘点操作、数据记录和问题处理等。

3．盘点核对

盘点核对是指对盘点数据进行核对和分析，发现和解决库存数据中的错误和问题。盘点核对包括盘点数据核对、差异分析和问题处理等。

三、仓储设备管理

仓储设备管理是仓储管理的重要任务，通过科学的设备管理，可以提高仓储设备的利用率和作业效率，降低设备的故障率和维护成本。

（一）设备选型

设备选型是仓储设备管理的基础，通过合理的设备选型，可以提高仓储设备的利用率和作业效率。

1．设备类型选择

设备类型选择是指根据仓库的作业流程和货物特性，选择合适的设备，确保设备的适用性和高效性。常见的仓储设备包括货架、叉车、输送带和自动导引车等。

2．设备型号选择

设备型号选择是指根据设备的性能参数和使用需求，选择合适的设备，确保设备的性能和可靠性。设备型号选择包括设备的载重能力、作业速度和操作方式等参数。

（二）设备配置

设备配置是仓储设备管理的重要任务，通过合理的设备配置，可以提高仓储设备的利用率和作业效率，降低设备的故障率和维护成本。

1．设备布局

设备布局是指根据仓库的布局和作业流程，合理布置仓储设备，确保设备的高效利用和作业安全。设备布局包括设备的位置、方向和距离等的确定。

2．设备安装

设备安装是指按照设备的安装要求和规范，对仓储设备进行安装和调试，确保设备的正常运行和安全使用。设备安装包括设备的固定、调试和验收等。

（三）设备维护

设备维护是仓储设备管理的重要任务，通过科学的设备维护，可以提高仓储设备的利用率和作业效率，降低设备的故障率和维护成本。

1．预防性维护

预防性维护是指按照设备的维护计划和规范，对设备进行定期的检查和保养，预防设备故障的发生。预防性维护包括设备的清洁、润滑和零部件更换等。

2．故障维护

故障维护是指在设备发生故障时，对设备进行维修和处理，以确保设备的及时恢复和正常运行。故障维护包括故障的诊断、修理和测试等。

3．设备升级

设备升级是指对仓储设备进行技术改造和升级，提升设备的性能和适应性，提高设备的利用率和作业效率。设备升级包括设备的改造、升级和调试等。

四、仓储安全管理

仓储安全管理是仓储管理的重要任务，通过严格的安全管理，可以确保仓库作业的安全性和货物的存储安全。仓储安全管理包括防火、防盗、防潮和防爆等。

（一）防火管理

防火管理是仓储安全管理的基础，通过科学的防火措施，可以预防和控制火灾的发生，确保仓库的安全。防火管理包括以下内容。

1. 防火设备

防火设备是指安装在仓库内的各种防火装置，主要用于预防和控制火灾。防火设备包括灭火器、消防栓、自动喷水灭火系统和火灾报警系统等。

2. 防火措施

防火措施是指采取的各种防火管理措施，主要用于预防和控制火灾。防火措施包括防火检查、防火演练和防火宣传等。

（二）防盗管理

防盗管理是仓储安全管理的重要任务，通过严格的防盗措施，可以预防和控制盗窃事件的发生，确保仓库的安全。

1. 防盗设备

防盗设备是指安装在仓库内的各种防盗装置，主要用于预防和控制盗窃事件。防盗设备包括监控摄像头、防盗门、防盗窗和报警系统等。

2. 防盗措施

防盗措施是指采取的各种防盗管理措施，主要用于预防和控制盗窃事件。防盗措施包括防盗检查、防盗巡逻和防盗培训等。

（三）防潮管理

防潮管理是仓储安全管理的重要任务，通过科学的防潮措施，可以预防和控制潮湿对货物的影响，确保货物的存储安全。

1. 防潮设备

防潮设备是指安装在仓库内的各种防潮装置，主要用于预防和控制潮湿。防潮设备包括除湿机、空调、通风设备和防潮垫等。

2．防潮措施

防潮措施是指采取的各种防潮管理措施，主要用于预防和控制潮湿。防潮措施包括防潮检查、防潮维护和防潮培训等。

（四）防爆管理

防爆管理是仓储安全管理的重要任务，通过严格的防爆措施，可以预防和控制爆炸事件的发生，确保仓库的安全。防爆管理包括以下内容。

1．防爆设备

防爆设备是指安装在仓库内的各种防爆装置，主要用于预防和控制爆炸事件。防爆设备包括防爆灯、防爆开关、防爆电器和防爆报警系统等。

2．防爆措施

防爆措施是指采取的各种防爆管理措施，主要用于预防和控制爆炸事件。防爆措施包括防爆检查、防爆演练和防爆宣传等。

五、库存需求预测

库存需求预测是库存管理的基础任务，通过科学的需求预测，可以确定合理的库存产品的品种和数量，确保库存的合理性和及时性。

（一）历史数据分析

历史数据分析是库存需求预测的重要方法，通过分析过去的销售数据和库存数据，可以发现需求的变化规律和趋势，为需求预测提供依据。历史数据分析包括以下内容。

1．销售数据分析

销售数据分析是指对过去的销售数据进行分析，了解销售的变化规律和趋势，为需求预测提供依据。销售数据分析包括对销售量、销售额和销售结构等指标的分析。

2．库存数据分析

库存数据分析是指对过去的库存数据进行分析，了解库存的变化规律和趋势，为需求预测提供依据。库存数据分析包括对库存量、库存周转率和库存结构等指标的分析。

（二）市场需求分析

市场需求分析是库存需求预测的重要方法，通过对市场需求的调查和分析，可以了解市场的需求变化和趋势，为需求预测提供依据。

1．市场调研

市场调研是指通过市场调查和研究，了解市场的需求变化和趋势，为需求预测提供依据。市场调研包括对市场规模、市场结构和市场竞争等方面的调查和研究。

2．客户需求分析

客户需求分析是指通过对客户需求的调查和分析，了解客户的需求变化和趋势，为需求预测提供依据。客户需求分析包括对客户购买行为、客户偏好和客户需求等方面的调查和分析。

（三）定量预测方法

定量预测方法是库存需求预测的重要方法，通过数学模型和统计方法，可以对未来的需求进行定量预测，提高需求预测的准确性和科学性。

1．时间序列分析

时间序列分析是定量预测的方法之一，通过对历史数据的时间序列分析，可以预测未来的需求变化和趋势。时间序列分析包括移动平均法、指数平滑法和自回归模型等方法。

2．回归分析

回归分析是定量预测的方法之一，通过对历史数据的回归分析，可以预测未来的需求变化和趋势。回归分析包括线性回归、多元回归和非线性回归等方法。

3．经济指标预测

经济指标预测是定量预测的方法之一，通过对宏观经济指标和行业指标进行分析，可以预测未来的需求变化和趋势。经济指标预测包括对国内生产总值（GDP）、消费价格指数（CPI）和行业生产指数（IPI）等指标的分析。

六、库存控制与优化

库存控制与优化是库存管理的重要任务，通过合理的库存控制和科学的优化方法，可以提高库存的周转率和利用率，降低库存成本。

（一）库存定量控制

库存定量控制是库存控制与优化的重要方法，通过对库存进行定量控制，可以确保库存的合理性和及时性。库存定量控制包括以下内容。

1. 经济订货量

经济订货量是库存定量控制的方法之一，通过经济订货量模型，可以确定每次订货的最佳订货量，降低订货成本和库存成本。经济订货量模型包括对订货成本、持有成本和需求量等因素的计算。

2. 再订货点

再订货点是库存定量控制的方法之一，通过再订货点模型，可以确定库存的再订货点，确保库存的合理性和及时性。再订货点模型包括对需求量、订货提前期和安全库存等因素的计算。

（二）库存定期控制

库存定期控制是库存控制与优化的重要方法，通过对库存进行定期控制，可以确保库存的合理性和及时性。

1. 定期盘点

定期盘点是库存定期控制的方法之一，通过定期盘点，可以确保库存数据的准确性和货物的存储安全。定期盘点包括盘点计划、盘点实施和盘点核对等。

2. 定期订货

定期订货是库存定期控制的方法之一，通过定期订货，可以确保库存的合理性和及时性。定期订货包括订货计划、订货执行和订货管理等。

（三）库存优化策略

库存优化策略是库存控制与优化的重要方法，通过科学的库存优化策略，可以提高库存的周转率和利用率，降低库存成本。

1. ABC分类管理

ABC分类管理是库存优化的策略之一，通过对库存进行ABC分类，可以重点管理重要物资，确保库存管理的效率和效果。ABC分类管理包括库存物资的分类、管理和控制等。

2. JIT库存管理

JIT库存管理是库存优化的策略之一，通过JIT库存管理，可以降低库存成本，提高库存的周转率。JIT库存管理包括准时生产、准时配送和准时采购等。

3．库存合并管理

库存合并管理是库存优化的策略之一，通过库存合并管理，可以优化库存结构，提高库存的利用率。库存合并管理包括库存物资的合并、重组和优化等。

七、库存盘点与管理

库存盘点与管理是库存管理的重要任务，通过定期和不定期的盘点，可以确保库存数据的准确性和货物存储的安全性。

（一）盘点计划

盘点计划是库存盘点与管理的基础，通过制定盘点计划，可以确保盘点工作有序进行。

1．盘点时间

盘点时间是指盘点的具体时间，确保盘点工作有序进行。盘点时间包括定期盘点和不定期盘点等。

2．盘点范围

盘点范围是指盘点的具体范围和对象，确保盘点工作的全面性和准确性。盘点范围包括物资种类、数量和位置等。

3．盘点人员

盘点人员是指参与盘点工作的人员安排，确保盘点工作有序进行。盘点人员包括盘点负责人、盘点员和监督员等。

（二）盘点实施

盘点实施是库存盘点与管理的重要任务，通过科学的盘点实施，可以确保盘点数据的准确性和全面性。

1．盘点操作

盘点操作是指按照盘点计划进行货物盘点，确保盘点数据的准确性和全面性。盘点操作包括货物清点、数量核对和数据记录等。

2．盘点记录

盘点记录是指对盘点数据进行记录和保存，确保盘点数据的准确性和可追溯性。盘点记录包括对货物的品名、规格、数量、盘点时间和盘点人员等信息的记录。

3．盘点问题处理

盘点问题处理是指对盘点过程中发现的问题进行处理，确保盘点数据的准确性和全面性。盘点问题处理包括盘点差异的分析、问题的解决和数据的修正等。

（三）盘点核对

盘点核对是库存盘点与管理的重要任务，通过对盘点数据进行核对和分析，可以发现和解决库存数据中的差异和问题，确保库存管理的效率和效果。

1．数据核对

数据核对是指对盘点数据与库存数据进行核对，发现和解决库存数据中的差异和问题。数据核对包括盘点数据的对比、盘点数据的差异分析和数据的修正等。

2．问题分析

问题分析是指对盘点过程中发现的问题进行分析，找出问题的原因和解决办法，确保库存管理的效率和效果。问题分析包括分析盘点差异、分析盘点问题产生的原因和制定解决办法等。

3．结果反馈

结果反馈是指对盘点结果进行反馈和报告，确保盘点数据的准确性和可追溯性。结果反馈包括盘点报告的编写、盘点结果的反馈和盘点问题的解决等。

八、库存风险管理

库存风险管理是库存管理的重要任务，通过有效的风险管理，可以防范和控制库存管理中的各种风险，确保库存的安全性和可靠性。

（一）库存风险识别

库存风险识别是库存风险管理的基础，通过对库存管理中的各种风险进行识别，发现库存管理中的潜在风险，为风险管理提供依据。

1．市场风险

市场风险是指由于市场需求的变化和波动而产生的库存管理风险。市场风险包括需求波动、价格波动和市场竞争等。

2．供应链风险

供应链风险是指由于供应链的不确定性而产生的库存管理风险。供应链风险包括供应商风险、运输风险和交货风险等。

3．操作风险

操作风险是指由于库存管理操作失误和管理不当而产生的库存管理风险。操作风险包括入库操作风险、存储操作风险和出库操作风险等。

（二）库存风险评估

库存风险评估是库存风险管理的重要任务，通过对库存管理中的各种风险进行评估，可以了解风险的程度和影响，为风险管理提供依据。

1．风险概率

风险概率是指在库存管理中发生风险事件的可能性，通过对发生风险事件的概率进行评估，可以了解风险发生的可能性。风险概率包括市场风险的概率、供应链风险的概率和操作风险的概率等。

2．风险影响

风险影响是指在库存管理中风险事件的影响程度，风险影响包括市场风险的影响、供应链风险的影响和操作风险的影响等。

3．风险等级

风险等级是指根据风险概率和风险影响，对库存管理中的风险进行等级划分，为风险管理提供依据。风险等级包括高风险、中风险和低风险等。

（三）库存风险控制

库存风险控制是库存风险管理的重要任务，通过有效的风险控制，可以防范和控制库存管理中的各种风险，确保库存的安全性和可靠性。

1．市场风险控制

市场风险控制是指通过有效的市场管理措施，防范和控制市场风险，确保库存管理的安全性和可靠性。市场风险控制包括市场调研、需求预测和市场策略等。

2．供应链风险控制

供应链风险控制是指通过有效的供应链管理措施，防范和控制供应链风险，确保库存管理的安全性和可靠性。供应链风险控制包括供应商选择、运输管理和交货管理等。

3．操作风险控制

操作风险控制是指通过有效的操作管理措施，防范和控制操作风险，确保库存管理的安全性和可靠性。操作风险控制包括操作培训、操作规范和操作检查等。

（四）库存风险监控

库存风险监控是库存风险管理的重要任务，通过对库存管理中的各种风险进行监控，可以及时发现和处理风险事件，确保库存管理的安全性和可靠性。

1．风险监控系统

风险监控系统是指通过信息系统和监控设备，对库存管理中的各种风险进行实时监控，确保风险的及时发现和处理。风险监控系统包括库存管理系统、监控摄像头和传感器等。

2．风险监控指标

风险监控指标是指通过设定风险监控的具体指标和参数，对库存管理中的各种风险进行监控，确保风险的及时发现和处理。风险监控指标包括库存量、库存周转率和库存损耗率等。

3．风险预警机制

风险预警机制是指通过设定风险预警的具体机制和流程，对库存管理中的各种风险进行预警，确保风险的及时发现和处理。风险预警机制包括风险预警系统、预警通知和预警处理等。

第四节　运输管理

一、运输需求分析

运输需求分析是运输管理的基础，通过对市场需求和客户需求进行调查和分析，可以确定运输的品种、数量和时间，制定合理的运输计划。

（一）市场需求分析

市场需求分析是指通过市场调研和数据分析，了解市场对不同货物的运输需求，预测未来运输需求的变化和趋势。

1. 市场调研

市场调研是指通过市场调查和研究，了解市场对不同货物的运输需求，为运输需求分析提供数据支持。市场调研包括对市场规模、市场结构和市场趋势等方面的调查和研究。

2. 数据分析

数据分析是指通过对历史运输数据和市场数据进行分析，了解市场需求的变化规律和趋势，为运输需求预测提供依据。数据分析包括对运输量、运输频率和运输距离等指标的分析。

（二）客户需求分析

客户需求分析是指通过对客户的需求进行调查和分析，了解客户对不同货物的运输需求，预测未来运输需求的变化和趋势。

1. 客户调研

客户调研是指通过对客户的调查和访问，了解客户对不同货物的运输需求，为运输需求分析提供数据支持。客户调研包括对客户类型、客户需求和客户满意度等方面的调查和研究。

2. 需求分析

需求分析是指通过对客户需求数据进行分析，了解客户需求的变化规律和趋势，为运输需求预测提供依据。需求分析包括对运输品种、运输数量和运输时间等指标的分析。

（三）运输需求预测

运输需求预测是指通过对历史数据和未来趋势进行分析，预测未来运输需求的变化和趋势，制定合理的运输计划。

1. 时间序列分析

时间序列分析是运输需求预测的重要方法，通过对历史运输数据的时间序列进行分析，可以预测未来运输需求的变化和趋势。时间序列分析包括移动平均法、指数平滑法和自回归模型等方法。

2．回归分析

回归分析是运输需求预测的重要方法，通过对历史运输数据和影响因素进行回归分析，可以预测未来运输需求的变化和趋势。回归分析包括线性回归、多元回归和非线性回归等方法。

3．经济指标预测

经济指标预测是运输需求预测的重要方法，通过对宏观经济指标和行业指标进行分析，可以预测未来运输需求的变化和趋势。经济指标预测包括对国内生产总值、消费价格指数和行业生产指数等指标的分析。

二、运输路线规划

运输路线规划是运输管理的重要环节，通过规划科学的运输路线，可以优化运输路径，减少运输时间和成本，提高运输效率。

（一）运输路径选择

运输路径选择是运输路线规划的基础，通过对不同运输路径进行分析和比较，可以选择最优的运输路径。

1．路径分析

路径分析是指通过对不同运输路径进行分析，了解各路径的运输距离、运输时间和运输成本，为路径选择提供依据。路径分析包括对路线测量、交通状况和道路条件等方面的分析。

2．路径比较

路径比较是指通过对不同运输路径进行比较，选择最优的运输路径。路径比较包括对运输距离、运输时间和运输成本等指标的比较。

（二）运输时间安排

运输时间安排是运输路线规划的重要内容，通过安排合理的运输时间，可以提高运输效率和准时性。

1．时间计划

时间计划是指根据运输需求和运输路径，制定合理的运输时间计划，确保运输的准时性和高效性。时间计划包括对运输起始时间、运输到达时间和运输总时间等的安排。

2．时间优化

时间优化是指对运输时间计划的优化，通过时间优化可以提高运输的效率和准时性。时间优化包括运输时间的压缩、运输过程的优化和运输资源的合理配置等方面。

（三）运输资源配置

运输资源配置是运输路线规划的重要内容，通过合理的运输资源配置，可以提高运输效率和利用率，降低运输成本。

1．车辆配置

车辆配置是指根据运输需求和运输路径，合理配置运输车辆，提高车辆的利用率和运输效率。车辆配置包括车辆的选择、车辆的调度和车辆的维护等。

2．人员配置

人员配置是指根据运输需求和运输路径，合理配置运输人员，提高人员的利用率和工作效率。人员配置包括司机的选择、司机的培训和司机的管理等内容。

3．设备配置

设备配置是指根据运输需求和运输路径，合理配置运输设备，提高设备的利用率和工作效率。设备配置包括对装卸设备、搬运设备和监控设备等的安排。

三、运输调度管理

运输调度管理是运输管理的重要任务，通过科学的运输调度，可以提高运输的灵活性和响应速度，确保货物的及时配送。

（一）运输任务分配

运输任务分配是运输调度管理的基础，合理地分配运输任务可以提高运输资源的利用率和运输效率。

1．任务计划

任务计划是指根据运输需求和运输资源，制定合理的运输计划，确保运输任务的有序进行。任务计划包括运输任务的类型、数量和时间等。

2．任务分配

任务分配是指根据运输任务计划，合理分配运输任务，提高运输资源的利用率和运输效率。任务分配包括运输车辆的分配、运输人员的分配和运输设备的分配等。

（二）运输进度监控

运输进度监控是运输调度管理的重要内容，通过对运输进度进行实时监控，可以确保运输任务的顺利进行。

1．进度跟踪

进度跟踪是指通过各种监控手段，对运输任务的进度进行实时跟踪，确保运输任务的按时完成。进度跟踪包括运输车辆的定位、运输路径的监控和运输时间的跟踪等。

2．进度调整

进度调整是指根据运输任务的实际进度，及时调整运输计划和资源配置，确保运输任务的顺利完成。进度调整包括运输时间的调整、运输路径的优化和运输资源的重新配置等。

（三）运输资源调度

运输资源调度是运输调度管理的重要内容，通过科学的运输资源调度，可以提高运输资源的利用率和运输效率，降低运输成本。

1．车辆调度

车辆调度是指根据运输任务和运输进度，合理调度运输车辆，以提高车辆的利用率和运输效率。车辆调度包括车辆的选择、车辆的调配和车辆的维护等。

2．人员调度

人员调度是指根据运输任务和运输进度，合理调度运输人员，以提高人员的利用率和工作效率。人员调度包括司机的选择、司机的调配和司机的管理等。

3．设备调度

设备调度是指根据运输任务和运输进度，合理调度运输设备，以提高设备的利用率和工作效率。设备调度包括对装卸设备、搬运设备和监控设备等。

四、运输安全管理

运输安全管理是运输管理的重要任务，通过严格的安全管理，可以确保运输过程的安全性和货物的完好性，降低运输风险。

（一）车辆安全管理

车辆安全管理是运输安全管理的基础，通过科学的车辆安全管理，可以提高运输车辆的安全性和可靠性。车辆安全管理包括以下内容。

1．车辆检查

车辆检查是指对运输车辆进行定期的安全检查，确保车辆的安全性和可靠性。车辆检查包括车辆的外观检查、机械检查和电子设备检查等。

2．车辆维护

车辆维护是指对运输车辆进行定期的保养和维护，确保车辆的正常运行和安全性。车辆维护包括车辆的润滑、零部件更换和故障维修等。

3．车辆更新

车辆更新是指对运输车辆进行定期的更新和淘汰，确保车辆的先进性和安全性。车辆更新包括新车辆的采购、旧车辆的淘汰和车辆的升级等。

（二）驾驶员安全管理

驾驶员安全管理是运输安全管理的重要内容，通过严格的驾驶员安全管理，可以提升驾驶员的安全意识和驾驶技能，确保运输过程的安全性。

1．驾驶员培训

驾驶员培训是指对运输驾驶员进行定期的安全培训，确保驾驶员具备必要的安全知识和技能。驾驶员培训包括安全驾驶培训、应急处理培训和安全意识培训等。

2．驾驶员考核

驾驶员考核是指对运输驾驶员进行定期的安全考核，确保驾驶员具备必要的安全驾驶能力。驾驶员考核包括驾驶技能考核、安全知识考核和心理素质考核等。

3．驾驶员管理

驾驶员管理是指对运输驾驶员进行严格的安全管理，确保驾驶员遵守安全操作规程和交通法规。驾驶员管理包括对驾驶员的行为监控、违规处理和安全奖励等。

（三）货物安全管理

货物安全管理是运输安全管理的重要内容，通过严格的货物安全管理，可以确保运输货物的完好性和安全性。

1．货物包装

货物包装是指对运输货物进行合理的包装，确保货物在运输过程中的安全性和完好性。货物包装包括包装材料的选择、包装方法的确定和包装质量的检查等。

2．货物装卸

货物装卸是指对运输货物进行合理的装卸，确保货物在装卸过程中的安全性和完好性。货物装卸包括装卸设备的选择、装卸方法的确定和装卸操作的规范等。

3．货物监控

货物监控是指对运输货物进行实时的监控，确保货物在运输过程中的安全性和完好性。货物监控包括货物的实时定位、货物状态的监控和货物异常的处理等。

（四）应急处理管理

应急处理管理是运输安全管理的重要内容，通过科学的应急处理管理，可以有效应对运输过程中的突发事件，确保运输过程的安全性和连续性。

1．应急预案

应急预案是指根据运输过程中可能发生的突发事件，制定合理的应急预案，确保突发事件的及时处理。应急预案包括突发事件的类型、应急措施的制定和应急人员的安排等。

2．应急演练

应急演练是指定期组织运输人员进行应急演练，确保应急预案的有效性和可操作性。应急演练包括演练方案的制定、演练过程的实施和演练效果的评估等。

3．应急处理

应急处理是指在运输过程中发生突发事件时，按照应急预案进行及时的处理，确保运输过程的安全性和连续性。应急处理包括报告突发事件、采取应急措施和事件的善后处理等。

五、运输风险管理

运输风险管理是运输管理的重要任务，通过有效的风险管理，可以防范和控制运输过程中的各种风险，确保运输的安全性和可靠性。

（一）运输风险识别

运输风险识别是运输风险管理的基础，通过对运输过程中的各种风险进行识别，可以了解运输过程中的潜在风险，为风险管理提供依据。运输风险识别包括以下内容。

1．市场风险

市场风险是指由于市场需求的变化和波动而产生的运输管理风险。市场风险包括需求波动、价格波动和市场竞争等。

2．供应链风险

供应链风险是指由于供应链的不确定性而产生的运输管理风险。供应链风险包括供应商风险、运输风险和交货风险等。

3．操作风险

操作风险是指由于运输管理操作失误和管理不当而产生的运输管理风险。操作风险包括车辆操作风险、货物操作风险和人员操作风险等。

（二）运输风险评估

运输风险评估是运输风险管理的重要任务，通过对运输过程中的各种风险进行评估，可以了解风险的程度和影响，为风险管理提供依据。

1．风险概率

风险概率是指运输过程中发生风险事件的可能性，通过对风险事件的概率进行评估，可以了解风险发生的可能性。风险概率包括市场风险的概率、供应链风险的概率和操作风险的概率等。

2．风险影响

风险影响是指运输过程中发生的风险事件的影响程度，通过对风险事件的影响进行评估，可以了解风险的影响程度。风险影响包括市场风险的影响、供应链风险的影响和操作风险的影响等。

3．风险等级

风险等级是指根据风险概率和风险影响，对运输过程中的风险进行等级划分，为风险管理提供依据。风险等级包括高风险、中风险和低风险等。

（三）运输风险控制

运输风险控制是运输风险管理的重要任务，通过有效的风险控制，可以防范和控制运输过程中的各种风险，确保运输的安全性和可靠性。

1．市场风险控制

市场风险控制是指通过有效的市场管理措施，防范和控制市场风险，确保运输管理的安全性和可靠性。市场风险控制包括市场调研、需求预测和制定市场策略等。

2．供应链风险控制

供应链风险控制是指通过有效的供应链管理措施，防范和控制供应链风险，确保运输管理的安全性和可靠性。供应链风险控制包括供应商选择、运输管理和交货管理等。

3．操作风险控制

操作风险控制是指通过有效的操作管理措施，防范和控制操作风险，确保运输管理的安全性和可靠性。操作风险控制包括操作培训、操作规范和操作检查等。

（四）运输风险监控

运输风险监控是运输风险管理的重要任务，通过对运输过程中的各种风险进行监控，可以及时发现和处理风险事件，确保运输的安全性和可靠性。

1．风险监控系统

风险监控系统是指通过信息系统和监控设备，对运输过程中的各种风险进行实时监控，确保风险的及时发现和处理。风险监控系统包括运输管理系统、监控摄像头和传感器等。

2．风险监控指标

风险监控指标是指通过设定风险监控的具体指标和参数，对运输过程中的各种风险进行监控，确保风险的及时发现和处理。风险监控指标包括运输时间、运输成本和运输安全等。

3．风险预警机制

风险预警机制是指通过设定风险预警的具体机制和流程，对运输过程中的各种风险进行预警，确保风险的及时发现和处理。风险预警机制包括风险预警系统、预警通知和预警处理等。

第五节 包装、装卸搬运、流通加工管理

一、包装管理的主要任务

包装管理是物流管理的重要环节，通过科学的包装设计和实施，可以提高货物的保护性和美观性，降低包装成本。

（一）包装设计

包装设计是包装管理的基础任务，通过科学的包装设计，可以提高包装的保护性和美观性，降低包装成本。

1．包装材料选择

包装材料选择是包装设计的重要内容，包装材料包括纸质材料、塑料材料、金属材料和复合材料等。

2．包装结构设计

包装结构设计是包装设计的重要内容，包装结构设计包括对包装箱的尺寸、形状和结构等方面的设计。

3．包装图案设计

包装图案设计是包装设计的重要内容，美观的包装图案可以提高包装的吸引力和市场竞争力。包装图案设计包括对包装的颜色、图案和文字等方面的设计。

（二）包装实施

包装实施是包装管理的重要任务，通过合理的包装实施，可以确保货物的安全性和完好性，提高包装的效率和质量。

1．包装材料准备

包装材料准备是包装实施的重要内容，通过合理的包装材料准备，可以确保包装材料的充足性和适用性，提高包装的效率和质量。包装材料准备包括包装材

料的采购、储存和准备等。

2.包装操作

包装操作是包装实施的重要内容,通过科学的包装操作,可以确保包装的质量和效率,降低包装成本。包装操作包括打包、封箱和贴标签等。

3.包装质量检查

包装质量检查是包装实施的重要内容,通过严格的包装质量检查,可以确保包装的质量和完好性,提高包装的效率和质量。包装质量检查包括包装的外观检查、尺寸检查和质量检查等。

(三)包装标准化

包装标准化是包装管理的重要任务,通过包装标准化,可以提高包装的统一性和规范性,降低包装成本并减少包装材料的浪费。

1.包装规格标准

包装规格标准是包装标准化的重要内容,通过制定和实施包装规格标准,可以提高包装的统一性和规范性,降低包装成本。包装规格标准包括包装箱的尺寸、形状和结构等方面。

2.包装操作标准

包装操作标准是包装标准化的重要内容,通过制定和实施包装操作标准,可以提高包装的效率和质量,降低包装成本。包装操作标准包括打包、封箱和贴标签等操作。

3.包装质量标准

包装质量标准是包装标准化的重要内容,通过制定和实施包装质量标准,可以提高包装的质量和完好性,降低包装成本。包装质量标准包括包装的外观、尺寸和质量等方面。

二、装卸搬运管理的主要任务

装卸搬运管理是物流管理的重要环节,可以提高物流作业的效率和质量,降低物流成本。

(一)装卸搬运计划

装卸搬运计划是装卸搬运管理的基础任务,制定科学的装卸搬运计划,可以提高装卸搬运的效率和质量,降低装卸搬运成本。

1．装卸搬运任务安排

装卸搬运任务安排是装卸搬运计划的重要内容，包括对装卸搬运任务的类型、数量和时间等的安排。

2．装卸搬运时间安排

装卸搬运时间安排是装卸搬运计划的重要内容，包括对装卸搬运的起始时间、完成时间和总时间等的安排。

3．装卸搬运资源配置

装卸搬运资源配置是装卸搬运计划的重要内容，包括对装卸搬运设备的选择、装卸搬运人员的配置和装卸搬运场地的安排等。

（二）装卸搬运实施

装卸搬运实施是装卸搬运管理的重要任务，可以确保装卸搬运的质量和效率，降低装卸搬运成本。

1．装卸搬运设备准备

装卸搬运设备准备是装卸搬运实施的重要内容，可以确保装卸搬运设备的充足性和适用性。装卸搬运设备准备包括装卸搬运设备的选择、维护等。

2．装卸搬运操作

装卸搬运操作是装卸搬运实施的重要内容，装卸搬运操作包括装卸搬运设备的使用、装卸搬运方法的选择和装卸搬运操作的规范等。

3．装卸搬运质量检查

装卸搬运质量检查是装卸搬运实施的重要内容，可以确保装卸搬运的质量和完好性。装卸搬运质量检查包括装卸搬运设备的检查、装卸搬运操作的检查和装卸搬运结果的检查等。

（三）装卸搬运安全管理

装卸搬运安全管理是装卸搬运管理的重要任务，可以确保装卸搬运过程的安全性和货物的完好性。

1．装卸搬运设备安全管理

装卸搬运设备安全管理是装卸搬运安全管理的重要内容，可以提高装卸搬运设备的安全性和可靠性。装卸搬运设备安全管理包括装卸搬运设备的检查、维护和管理等。

2．装卸搬运操作安全管理

装卸搬运操作安全管理是装卸搬运安全管理的重要内容，可以提高装卸搬运操作的安全性和规范性。装卸搬运操作安全管理包括装卸搬运操作的规范、培训和管理等。

3．装卸搬运环境安全管理

装卸搬运环境安全管理是装卸搬运安全管理的重要内容，可以提高装卸搬运环境的安全性和适应性。装卸搬运环境安全管理包括装卸搬运场地的选择、布局和管理等。

三、流通加工管理的主要任务

流通加工管理是物流管理的重要环节，通过科学的流通加工管理，可以提高物流作业的效率和质量，降低物流成本。

（一）流通加工需求分析

流通加工需求分析是流通加工管理的基础任务，通过科学的需求分析，可以确定流通加工的品种、数量和时间，制定合理的流通加工计划。

1．市场需求分析

市场需求分析是流通加工需求分析的重要内容，通过对市场需求的调查和分析，可以了解市场的需求变化和趋势，为流通加工需求分析提供依据。市场需求分析包括对市场规模、市场结构和市场趋势等方面的调查和分析。

2．客户需求分析

客户需求分析是流通加工需求分析的重要内容，通过对客户需求的调查和分析，可以了解客户的需求变化和趋势，为流通加工需求分析提供依据。客户需求分析包括对客户类型、客户需求和客户满意度等方面的调查和分析。

3．流通加工能力分析

流通加工能力分析是流通加工需求分析的重要内容，通过对流通加工能力的调查和分析，可以了解流通加工的能力和瓶颈，为流通加工需求分析提供依据。流通加工能力分析包括对流通加工设备的能力、流通加工人员的能力和流通加工场地的能力等方面的调查和分析。

（二）流通加工计划

流通加工计划是流通加工管理的重要任务，通过制定科学的流通加工计划，可以提高流通加工的效率和质量，降低流通加工成本。

1．流通加工任务安排

流通加工任务安排是流通加工计划的重要内容，包括对流通加工任务的类型、数量和时间等的安排。

2．流通加工时间安排

流通加工时间安排是流通加工计划的重要内容，包括对流通加工的起始时间、完成时间和总时间等的安排。

3．流通加工资源配置

流通加工资源配置是流通加工计划的重要内容，包括流通加工设备的选择、流通加工人员的配置和流通加工场地的安排等。

（三）流通加工实施

流通加工实施是流通加工管理的重要任务，通过科学的流通加工实施，可以确保流通加工的质量和效率，降低流通加工成本。

1．流通加工设备准备

流通加工设备准备是流通加工实施的重要内容，可以确保流通加工设备的充足性和适用性。流通加工设备准备包括流通加工设备的选择、维护和准备等。

2．流通加工操作

流通加工操作是流通加工实施的重要内容，包括流通加工设备的使用、流通加工方法的选择和流通加工操作的规范等。

3．流通加工质量检查

流通加工质量检查是流通加工实施的重要内容，可以确保流通加工的质量和完好性，包括流通加工设备的检查、流通加工操作的检查和流通加工结果的检查等。

第四章
现代物流的智慧化发展

第一节　智慧物流的概念与发展

一、智慧物流的含义

（一）智慧物流的基本概念

2009年，国际商业机器公司提出了一个通过感应器、RFID标签、制动器、全球定位系统和其他设备及系统生成实时信息的"智慧供应链"的概念，由此延伸出"智慧物流"的概念。与智能物流强调构建一个虚拟的物流动态信息化的互联网管理体系不同，"智慧物流"更重视将物联网、传感网与现有的互联网整合起来，通过精细、动态、科学的管理，实现物流的自动化、可视化、可控化、智能化、网络化，从而提高资源利用率和生产力水平，创造更具有综合内涵的社会价值。

智慧物流是指在物联网广泛应用的基础上，利用先进的信息采集、信息处理、信息流通和信息管理技术，完成包括运输、仓储、配送、包装、装卸等多项基本活动的货物从供应者向需求者移动的整个过程，为供方提供最大化利润，为需方提供最佳服务，同时消耗最少的自然资源和社会资源，最大限度地保护生态环境的一种整体智能社会物流管理体系。

智慧物流是指在物流领域广泛应用信息化技术、物联网技术和智能技术，在匹配的管理和服务技术的支撑下，使物流业具有整体智能特征，使服务对象之间具有紧密智能联系的一种发展状态；是物流企业运用现代信息技术，实现对货物流程的控制，从而降低成本、提高效益的一种管理活动；是把所有物流企业的物流信息汇总到一个平台上，进行集中分析，对运输车辆进行科学排序，合理调度使用，从而减少空载率，降低物流成本，提高物流效益的一种管理活动。

智慧物流是一种将物联网、传感网与互联网整合，运用于物流领域，实现物流与物理系统整合的网络。在这个网络中，存在能力超级强大的中心计算机群，能够对整合网络内的人员、机器、设备和基础设施实施实时的管理和控制。在此基础上，人类可以以更加精细和动态的方式管理物流活动，使物流系统智能化、网络化和自动化，从而提高资源利用率，使生产力水平达到"智慧"状态。

智慧物流通过大数据、云计算、智能硬件等智慧化技术与手段，提高物流系统的思维、感知、学习、分析决策和智能执行能力，提升整个物流系统的智能化、自动化水平，从而推动中国物流业的发展，降低社会物流成本、提高效率。

当前各界对智慧物流的概念，主要是基于物联网技术视角进行阐述，既缺少从国家战略、现代物流产业链等宏观层面的定义，也缺少对智慧物流商业运作模式、公共管理体系、核心竞争力的分析。

本节综合考量个体与总体、先进技术与物流体系、物流发展与经济等方面的关系后提出：智慧物流是指利用信息化和智能化的技术与方法，使物流系统中的个体与总体具有感知、传导、分析、判断、决策、执行和通过学习自行解决物流中某些问题的能力，从而有效地实现和其他经济与社会系统的协同，并最终服务于整个经济与社会系统的可持续改进和优化的一种物流体系。

（二）智慧物流的内涵

智慧物流有两层含义：一是物流通过先进技术实现信息化和智能化，这是"物流＋智慧"的过程；二是大数据和智能技术嵌入物流后，将传统的物流产业转型升级为新的形态，在技术、业态、模式等方面都出现了变革，这是"智慧＋物流"的过程。

1. 智慧物流的内涵

（1）具有感知和规整功能

智慧物流的感知功能主要表现在：运用各种先进技术获取生产、包装、运输、仓储、装卸、搬运、配送、信息服务等各个层面的大量信息，初步实现感知智慧；实现实时数据收集，使各方都能准确掌握货物、车辆和仓库等方面的信息。

智慧物流的规整功能主要表现在：将收集的数据进行归档，建立强大的数据库；分门别类后，使各类数据按要求规整，实现数据的动态性、开放性和联动性使用；并通过对数据和流程的标准化，推进跨网络的系统整合，从而实现规整智慧。

（2）具有学习和推理功能

智慧物流的学习和推理功能主要体现在：通过对以往模型的分析，可以从数据中找出更加"聪明"的解决方案，随着系统中知识量的不断增加，可以越来越多地避免以前出现过的问题，实现更加优化的决策，由此使自己不断趋于完善，从而实现学习和推理智慧。

（3）具有优化决策和系统支持功能

智慧物流的优化决策和系统支持功能主要体现在：运用大数据、云计算及人工智能等技术，对物流的各个环节进行评估，对资源进行整合优化，使每个环节都能相互联系、互通有无、共享数据、优化资源配置，从而为物流各个环节提供最强大的系统支持，使各环节协作、协调、协同；根据系统各部分的需求，对系统进行自适应调整，降低人力、物力和资金成本，提高服务质量，从而实现优化决策和系统支持智慧。

2．智慧物流的架构

（1）先进技术是智慧物流的保障

物联网技术是智慧物流的基础，互联网与移动互联网是智慧物流的中枢系统，大数据、云计算是智慧物流的大脑，智慧物流技术装备是智慧物流的骨架。只有应用以互联网、大数据、云计算、人工智能等为代表的先进技术，才能实现智慧物流的感知功能、规整功能、学习功能、推理功能、优化决策功能和系统支持功能。

（2）物流体系是智慧物流的基础

智慧物流系统的实现离不开集物流、信息流、资金流、业务流为一体的现代物流体系，现代物流体系为智慧物流提供配套的物流运作和管理，实践证明，如果没有良好的物流运作和管理水平，盲目发展物流信息化，不仅不能降低物流成本，还会适得其反。只有拥有完善的现代物流体系，才能实现智慧物流的系统支持功能，发挥协同、协作和协调效应。

（3）有效融合是智慧物流的核心

先进技术与现代物流体系有效融合并发生化学反应，这种化学反应既可能导致新的应用技术，也可能会对现代物流体系框架进行重塑。

二、智慧物流产生的背景

随着大数据时代的到来，云计算和大数据技术加快向物流业渗透。在云计算和大数据技术的支持下，人与设备之间、设备与设备之间更加密切地结合在一起，形成一个功能庞大的智慧物流系统，以实现物流管理与物流作业的自动化与智能化。

（一）智慧物流发展概述

目前，以智慧物流为代表的现代物流产业在国外已经有了较大的发展。美国、欧洲和日本等国家和地区已经成为智慧物流产业发展的领头羊，市场规模巨大，相关技术处于国际一流水平。

随着信息技术的不断发展和国家政策的推动，发展智慧物流，同时更好地提高资源利用率与经营管理水平成为我国发展现代物流的大方向。总体来说，我国的现代物流系统已经具备了信息化、数字化、网络化、集成化、智能化、柔性化、敏捷化、可视化、自动化等先进技术特征，并且已经拥有多家着手发展智慧物流的雏形企业，如中储股份、外运发展、中海发展、铁龙物流、武汉长江智能物流、上海三尔施智能物流、江苏双茂智能物流等，各地政府在智慧物流的发展方式上也开展了大量研究。

但是与美国、日本等发达国家相比，我国的智慧物流尚处于初级阶段。由于我国受传统体制的影响，基础设施不完善，管理技术及水平、服务质量等发展不均，再加上新兴技术应用不足、企业对物流认知不够等，我国物流发展相对滞后，物流总体水平不高，产业总体规模不大。

在后金融危机时代，为了提高竞争力、降低运营成本，生产和销售等企业不断吸收经验，对物流业的重视程度也越来越高。

（二）国外智慧物流发展现状

近年来，随着物流信息化水平的不断提高，美国、日本等发达国家的现代物流正朝着智慧物流发展，并取得了很好的效果。

1. 美国智慧物流发展现状

（1）总体现状

美国有着宽松有序的物流发展环境、良好的物流基础设施、较强的第三方物流企业、先进的物流技术、职业素养良好的职工等。

美国物流企业的物流设备几乎都实现了高度的机械化和计算机化，同时美国物流企业积极推动物流供应链的集约化、协同化发展。美国物流企业基于先进的信息化技术和运作管理模式，利用多样化的物流理论研究方法和大数据思想，紧密结合市场的实际需求和发展趋势，研究具体对象。同时物流发展环境的数据采集、数据存储、数据分析、数据应用渠道十分顺畅、系统。

（2）代表企业发展现状

目前，美国智慧物流的代表性企业主要有沃尔玛、FedEx和UPS等。作为物流强国，代表性企业只是美国智慧物流发展的一隅。

零售巨头沃尔玛采用的是基于RFID的智能物流系统，其配送成本仅占销售额的2%，远低于同行业水平，同时利用专用卫星实现全球店铺的信息传送与运输车辆的定位及联络，并在公司所有运输卡车上都装备了全球定位系统，每辆车的位置、装载货物、目的地皆可实时查询，可合理安排运量和路程，最大限度地发挥运输潜力。

2. 日本智慧物流发展现状

（1）总体现状

日本物流业最开始以生产为出发点，后来以市场营销为出发点，再后来从消费者的角度推进物流发展。在当今信息化时代，日本物流充分发挥第三方物流的作用，以现代物流技术为支撑，重视精细物流的发展，物流配送社会化程度较高，物流信息系统较发达。

（2）先进物流技术及应用现状

现代技术装备是日本物流企业占据制高点的关键所在，主要包括物流系统的信息化，如进出口报单无纸化、一条龙服务，物流电子数据交换技术的应用；物流系统的标准化；软件技术和物流服务的高度融合，物流行业充分利用电子信息化手段来实现物流全过程的协调、管理和控制，实现从网络前端到最终客户端的所有中间服务的过程管理；通过实现企业之间，管理信息系统之间，资金流、物流和信息流之间的无缝连接，为供应链的上下游企业提供可视性功能，帮助企业最大限度地控制和管理物流的全过程，实现物流低成本高效率的目标。

在日本，几乎所有的物流企业都充分利用当今最新的物流技术来开展物流服务。比如，日本大型物流企业或从事长途运输的货运车辆都安装了全球定位系统，不仅便于企业实时掌握车辆位置，随时调度就近车辆应对客户的紧急需求，还有利于客户及时了解服务的进展和动态。

除此之外，近年来，日本大规模物流设施增幅明显，与传统设施只具有保管功能不同，其具备了高效率的分拣功能，能够实现快速配送。

3. 欧洲智慧物流发展现状

（1）总体现状

科技进步尤其是IT技术的发展及相关产业的合并联盟，促进了欧洲物流业的快速发展。随着国际物流的不断发展，欧洲物流业也在重组，但是与美国和日本相比，欧洲的智慧物流发展相对缓慢。

（2）先进物流技术及应用现状

目前，欧洲物流业的先进物流技术及应用，主要实现的是有效的物流过程控制和信息传输。

例如，世界十大汽车配件供应商之一——法国佛吉亚（Faurecia）公司建立的物流管理模式是通过对分散的供应商进行集成管理、优化，促使每个产品形成一个标准或流程，使公司物流管理费用在营业额中所占的比重下降到4.3%，大大提高了对市场的反应速度；全球领先的运输公司——法国凯恩（KN）公司自行开发的全程物流信息系统，分六个渐进的层次提供信息服务，包括跟踪集装箱、确定订货单位置、跟踪每个货物、优化物流服务和物流配送等，同时信息系统还能够传导图像资料，如发票、过关资料等。在没有轮船、汽车、飞机的情况下，公司通过应用该系统，可以对世界各地的物流资源进行有效组织和利用，使公司的空运和海运处于全球领先地位。

（三）国内智慧物流发展状况

1. 智慧技术应用现状

以物联网、云计算、大数据等为代表的智慧技术也已经在我国进行了广泛应用。下面将重点介绍物联网技术、大数据技术的应用现状。

（1）物联网技术应用现状

①感知技术。在物流信息化领域，我国应用最普遍的物联网感知技术为RFID技术，目前RFID技术在各大物流公司已经迈出了一大步；其次是GPS/GIS技术；视频与图像感知技术居第三位；传感器感知技术居第四位；其他感知技术在物流领域也有应用。

②网络与通信技术。目前，物流公司在面对大范围的物流作业时，由于货物分布在全国各地，并且货物在不停移动过程中，往往需要互联网系统与企业局域网相结合来对物流活动实行网络化信息管理，但也有企业全部采用局域网技术。在物流中心，物流网络往往采用局域网技术，也可采用无线局域网技术，组建物流信息网络系统。

③智能管理技术。根据相关资料，目前在国内，物流信息系统能够实现对物流过程智能控制与管理的还不多。物流信息化还仅仅停留在对物品自动识别、自动感知、自动定位、过程追溯、在线追踪、在线调度等一般的应用上，与数据挖掘、网络融合与信息共享优化、智能调度与线路自动化调整管理等智能管理技术的应用还有很大差距。

在企业物流系统中，部分物流系统可以做到与企业生产管理系统无缝结合，智能运作；部分全智能化和自动化的物流中心的物流信息系统，可以做到全自动化与智能化物流作业。

（2）大数据技术应用现状

大数据技术能够让物流企业做到有的放矢，甚至可以做到为每一个客户量身定制服务，从而颠覆整个物流业的运作模式。但是大数据技术在国内智慧物流领域的应用还处在起步阶段，有更广阔的发展空间。

目前，大数据技术在物流企业的应用主要在以下几个方面。

①市场预测。依靠数据挖掘及分析，大数据技术能够帮助企业挖掘客户的行为和需求信息，通过真实而有效的数据反映市场的需求变化，从而对产品进入市场后的各个阶段做出预测，合理地控制物流企业的库存和安排运输方案，提高服务质量。

大数据技术能够更加客观地帮助电商平台和快递公司做决策，优化物流体系，能够最大限度地帮助快递公司分拨不爆仓，提升快递"最后一公里"的服务质量。

②物流中心选址。物流中心选址问题要求物流企业在充分考虑自身的经营特

点、商品特点和交通状况等因素的基础上，使配送成本和固定成本等达到最小。大数据技术中的分类树方法可以解决这类问题。

③优化配送线路。配送线路的优化是一个典型的非线性规划问题，它一直影响着物流企业的配送效率和配送成本。物流企业可以通过运用大数据来分析商品的特性和规格、客户的不同需求（时间和金钱）等，从而用最快的速度对这些影响配送计划的因素做出反应（如选择哪种运输方案、哪种运输线路等），制定最合理的配送线路，同时物流企业还可以通过配送过程中实时产生的数据，快速地分析配送路线的交通状况，对事故多发路段做出预警。

物流企业应精确分析整个配送过程的信息，使物流的配送管理智能化，以此提高物流企业的信息化水平和可预见性。

④仓库储位优化。合理地安排商品储存位置对提高仓库利用率和搬运分拣的效率有着极为重要的意义。对于商品数量多、出货频率快的物流中心，储位优化就意味着工作效率和效益的提高。大数据技术中的关联模式法能够分析商品数据之间的关系，合理地安排仓库位置。

2. 智慧物流公共信息平台建设现状

（1）总体现状

我国学者对现代物流公共信息平台的研究起步较晚。但是，随着各级政府对现代物流公共信息平台建设的重视，以及物流行业发展对现代物流公共信息平台建设的要求。近年来，我国学者对现代物流公共信息平台的研究取得了一系列成果。

我国关于现代物流公共信息平台的研究多集中于平台功能、体系结构和技术应用方面，并简单研究了平台的层次级别和运营模式。但是有关研究多处于理论层面，成果缺乏转化能力，对具体的运营模式缺乏足够的关注和分析，不利于平台建设运营，影响了平台的运营效率和效益，不能体现出平台的支撑服务作用。

因此，我们有必要在认识平台功能需求的基础上研究平台的运营模式，使现代物流公共信息平台实现可持续运营。

我国最具代表性的现代物流公共信息平台主要包括国家交通运输物流公共信息平台、山东交通物流公共信息平台和阿里巴巴物流服务平台。

从功能设置上看，各地物流信息平台的功能设置呈多样化特征，以电子商务和数据交换为核心的平台居多，均占到平台总数的三成以上，各地物流市场对物流信息平台电子商务服务和数据交换服务的需求也最为集中；从服务对象上看，各地物流信息平台规划设计的服务对象都以物流企业为主，其中物流园区占比较高，但是平台的智慧性还是有很大提升空间的。

（2）代表企业发展现状

为满足企业、用户不同的物流信息化需求，且有代表性的物流信息服务平台各具特色，有致力于打造第四方物流，专为中小物流企业提供会员服务与管理服务的平台，如上海"物流汇"；有致力于打造可以为用户提供"一站式"集成化的物流信息与交易服务、增值服务及云服务的智慧物流平台，如成都物流公共信息平台；也有致力于为天猫、淘宝平台上的电商提供基础设施和数据云服务的电子商务平台，如"聚石塔"。

三、智慧物流的主要表象

（一）互联互通

智慧物流的基础是建立实体物理世界的互联互通。物流人员、装备设施及货物将全面接入互联网，实现互联互通。同时，通过信息系统建设、数据对接协同和手持终端普及，可实现物流数据的可采集、可录入、可传输、可分析。物流系统中各参与方的动态感知和智能交互，可实现物流作业高效率、低成本。

（二）协同共享

智慧物流的核心是协同共享，这是信息社会区别于传统社会，并将爆发出最大创新活力的理念源泉。协同共享理念克服了传统社会的产权所有观念，通过分享使用权而不占有所有权，打破了传统企业边界，深化了企业分工协作，实现了存量资源的社会化转变与闲置资源的最大化利用。

（三）智能决策

智慧物流利用大数据、云计算等先进技术，结合特定需要，评估成本、时间、质量、服务、碳排放和其他标准。评估基于概率的风险，进行预测分析、协同决策，提出最合理有效的解决方案，使做出的决策更加准确、科学，从而实现智能决策。

（四）持续改进

智慧物流能够自主学习、积累经验、持续改进物流作业输出方案，不断探索物流运作新模式。智慧物流能够实现系统实时更新。反馈是实现系统修正、系统完善必不可少的环节。反馈涉及智慧物流系统的每一个环节，为物流相关作业者了解物流运行情况，及时解决系统问题提供了强大的保障。

（五）高效可靠

智慧物流依靠物联网、大数据、云计算等先进技术，基于全局优化的智能算法，调度整个物流系统中各参与方的高效分工协作。智慧物流依托智能化设备进行各种操作，有别于传统物流的人工操作，其操作更加高效可靠。智慧物流未来不仅能够采用大数据及模拟仿真等技术来研究确定如何实现最优的仓储、运输、配送网络布局，还能够基于历史运营数据及预测数据的建模分析、求解与仿真运行，更加科学、合理地确定每类商品的库存部署，并解决分拣中心、配送站的选址和产能大小等一系列问题。

第二节　智慧物流的地位及作用

一、智慧物流的地位

（一）智慧物流是"中国制造2025"的重要支撑

"中国制造2025"，是我国实施制造强国战略第一个十年的行动纲领。智慧物流在智能制造工艺中有承上启下的作用，是连接供应、制造和客户的重要环节。智慧仓储和物流技术的引入，既可以帮助传统制造企业更加精准、高效地管理仓储，以及零件、半成品和成品的流通，又可以帮助传统制造企业有效降低物流成本、缩短生产周期，在激烈的竞争中保持领先地位。此外，随着物流成本的降低，产品流通的地域将更加广阔，更多的受众群体将会被覆盖。智慧物流通过更新管理理念、应用新的供应链技术，能够提升制造水平，推动我国由制造大国走向制造强国。同时，智慧物流是整个商业链、供应链协同平台的基础设施，智慧物流基于大数据协同，未来将深刻地改变零售、制造等领域。

（二）智慧物流是智慧城市的重要组成部分

智慧城市是城市信息化的必然产物，其核心是利用信息技术把城市的各种信息加以汇集、分析和应用，提高城市管理水平与居民生活的智能化。物流产业连接着城市的生产、流通和消费等各个环节，可以说智慧物流既是智慧城市的重要组成部分，也是智慧城市建设的重要突破口。物流市场不规范、物流运作不集约，就会使物流成本居高不下，交通运输拥堵，生活质量下降。"智慧物流"在"智慧城市"的建设中，应当被放在优先发展的位置，要在交通管理、共同配送、运输装备三大方面实现突破。

（三）智慧物流是物流业转型升级的必由之路

智慧物流利用大数据、云计算和物联网等新技术，通过物流、资金流及信息流的融合创新，再加上大数据分析、智能分仓、车货匹配等手段，以及市场服务、物流运作的全面透明化等方式，将加快推动传统物流的模式变革。另外，智慧物流通过降本增效、提升服务，还可为推动物流业转型升级提供强大动能。

二、智慧物流的作用

（一）搭建可持续改进的物流生态系统

智慧物流可以加速当地物流产业的发展，打破行业限制，协调部门利益，实现集约化高效经营，优化社会物流资源配置。同时，智慧物流可以把物流企业整合在一起，将过去分散于多处的物流资源进行集中处理，发挥整体优势和规模优势，实现传统物流企业的现代化、专业化，并与之形成互补。此外，这些企业还可以共享基础设施、配套服务和信息，降低运营成本和费用支出，获得规模效益。

（二）促进物流降本增效

智慧物流能够大幅降低第二产业中的制造业等行业的成本，如生产商、批发商和零售商三方可以利用智慧物流实现信息共享、相互合作，达到降低物流成本，提高企业利润的目标。智慧物流的平台搭建会衍生出很多平台服务。随着技术的发展，智慧物流关键技术，诸如无线定位、物体标识及标识追踪等新型信息技术的应用，能够有效实现物流的智能调度管理，加强物流管理的科学化，从而降低物流成本、减少流通费用、增加企业利润、提高物流效率。

当前，在我国物流企业中，上下游企业之间的信息不能有效互通，从而使流通环节过多，导致流通成本过高。智慧物流的发展将有助于解决这个瓶颈问题，实现流通、管理与决策的优化，降低企业物流成本，提高物流效率。

（三）促进产购销融合

随着RFID在物流中的普及，物与物之间实现了互联互通，给企业的物流环节、生产环节、采购环节与销售环节的智能融合打下基础。同时，网络的融合必将推动智慧生产与智慧供应链的融合，从而使企业物流完全智慧地融入企业经营之中，打破工序、流程界限，打造智慧企业。

智慧物流的实施有利于加快企业物流运作与管理方式的转变，提高物流运作效率与产业链协同效率。智慧物流比传统物流消耗的资源少，能够提高产品竞争力，加快供应链一体化进程，有利于解决物流领域信息沟通不畅、专业化水平低、市场响应慢、成本高、规模效益差等问题，从而提高企业在物流方面的竞争力，构筑企业新的经济增长点。

（四）促进当地经济发展

智慧物流集多种服务功能于一体，体现了现代经济运作需求的特点，即强调信息流与物流快速、高效、通畅地运转，从而降低社会成本，提高生产效率，整合社会资源。

第三节　智慧物流信息平台构建

一、智慧物流信息平台概述

（一）智慧物流信息平台的建设意义与目标

随着物流业的转型升级，物流企业对智慧物流的需求越来越强烈、越来越多样化，主要包括对物流数据、物流云和物流技术三大领域的服务需求。智慧物流是"中国制造2025"战略的重要基石，按照目前物流行业的发展速度，预测到2025年，智慧物流服务的市场规模将超过万亿元。

智慧物流信息平台的建设目标是以大数据、云计算、智能硬件等智慧化技术与手段为支撑，在物流的运输、仓储、包装、装卸搬运、流通加工、配送、信息服务等各个环节实现系统感知。

同时，建设智慧物流信息平台有利于提高物流系统思维、感知、学习、分析决策和智能执行的能力，提升整个物流系统的智能化、自动化水平；有利于整合供应链物流系统资源，实现物流规整智慧、发现智慧、创新智慧和系统智慧；有利于降低社会物流成本，提高物流效率，开拓高端产品，有效推进物流业转型升级。

（二）智慧物流信息平台总体框架

智慧物流具有两大特点：一是互联互通，数据驱动，即要求物流要素互联互通且数字化，以"数据"驱动一切洞察、决策、行动；二是深度协同，高效执行，即跨集团、跨企业、跨组织的深度协同，基于全局优化的智能算法，调度整个物流系统中各参与方高效分工协作。

智慧物流信息平台则是一个能够深刻体现智慧物流优势、落实企业与行业信息化发展的有效工具。结合物流行业发展战略与信息化建设需求、物流基本要素、物流企业核心业务等，我们可以将智慧物流信息平台划分为八大子系统，即运输管理系统、仓储监管系统、配送管理系统、货运信息服务与发布系统、物流金融服务系统、物流增值服务系统、安全管理与应急保障系统和大数据应用服务系统。

（三）智慧物流信息平台运营管理

1. 智慧物流信息平台运营管理需求

由于不同应用场景、不同操作对象、不同应用方式对信息系统平台的需求不同，本节将从传感网接入需求、平台运营自身需求和业务系统对接需求三个方面来分析大数据背景下智慧物流信息平台的运营管理需求。

（1）传感网接入需求

传感网接入需求主要集中在安全接入和标准化接入两个方面。

①安全接入需求。首先，在保证传感器安全设计的前提下，智慧物流信息平台必须对传感器自身的健康程度进行检测并及时警告；其次，当传感器持续或者间歇地回传大量的数据信息时，智慧物流信息平台必须保证传感器与业务系统之间信息交互的安全性。

②标准化接入需求。由于目前缺少统一的通信协议，多个行业和多个厂家的传感器终端无法统一接入智慧物流信息平台，所以无法实现传感终端的统一认证

和管理。

（2）平台运营自身需求

核心的智慧物流信息平台必须服务于产业链上的各参与方，包括运营商、技术服务商及用户等。

①运营商需求。第一，智慧物流信息平台需要为整个供应链参与者提供统一的运营维护与管理服务；第二，智慧物流信息平台必须支持与物流行业相关的应用系统、社会公共服务系统的接入，为企业提供数据存储、分析和挖掘服务，同时必须具有云计算能力，以实现物流信息的资源整合及聚集；第三，平台需要具有开放、灵活、异构的架构，不仅能与传感网、移动通信网络、无线通信网络及宽带接入网络等无缝集成，而且能够与运营商已有的承载网和业务网无缝集成，即平台要具备可扩展性、易融合性等；第四，平台必须具备完善的管理能力，要能实现统一的合作伙伴管理、统一的用户管理、统一的业务产品管理、统一的订购管理、统一的认证授权管理等。

②技术服务商需求。由于技术服务商只专注于业务应用系统的开发，关注业务数据和业务流程的处理，需要简单、快速的业务开发环境。因此，第一，智慧物流信息平台需要对提交的物流业务开发需求自动匹配适合的传感器资源，并对经传感器的智慧物流信息进行对应的登记、注册；第二，智慧物流信息平台需要提供标准的开发接口，开发传感器与平台的交互界面，设计详细的数据上传、下载、存储等业务交互流程，并根据需要激活相应工作流程；第三，智慧物流信息平台需要为每个业务应用提供用户统计、业务统计、计费统计等功能，并提供符合自身业务需要的门户。

③用户需求。从智慧物流信息平台的使用者角度进行分析，由于用户业务具有复杂性，每个用户可能有多个应用，希望能通过多种方式接入，方便地使用智慧物流信息平台提供的物流服务，平台需要具有业务申请注册管理界面、费用结算界面、充值划账界面，具备委托管理、查询统计、多种提醒等功能。

（3）业务系统对接需求

智慧物流信息平台需要与现有的运营系统，如计费系统、网管系统、公众服务系统等实现对接，同时，还需要与自动化仓储管理系统、智能配送系统、物流过程控制系统、货物状态查询系统等物流智能应用系统实现对接。系统对接可尽量采用目前运营系统的通用协议，但由于大量应用信息技术，所以需要制定新的协议规范。

2．智慧物流信息平台运营基础

智慧物流信息平台的建设运营需要企业有成熟的物流信息化体系和完善的物流业务模式。成熟的物流信息化体系为大数据的推广和应用提供了技术和硬件支撑，同时完善的物流业务模式也决定了智慧物流信息平台的业务管理机制和运行机制。

从物流企业发展和业务范围扩展角度考虑，大数据的应用实施作为物流行业未来的主流趋势，要求平台运营企业从软件和硬件两方面入手，改造自身基础设施条件，从而形成大数据背景下的智慧物流信息平台运营体系。

（1）企业化运营模式

大数据的成熟、大规模商用需要一定的过程，只有真正在物流行业实现有示范效应的应用，才会有实质性的推动，之后才会形成良性循环。因此，大数据背景下的智慧物流信息平台运营企业自身必须形成一套成熟的运营模式，结合对市场环境的敏感度，加快对新的商业模式的挖掘。

在大数据背景下，运营企业需要在行政管理层面、生产销售层面、技术层面制定明确的发展方向，并适时、适当地进行机制变革，充分利用自身的发展优势和完备的业务体系，形成一套智慧物流信息平台运营的商用模式。

（2）运营企业信息化基础条件

在信息化建设层面，运营企业需要利用自身优势，对自动仓储、智能运输、动态配送等物流业务内容进行信息化改造和完善，使企业对物流过程中产生的全部或部分信息进行采集、分类、传递、汇总、识别、跟踪、查询等一系列处理活动，以实现对货物流动过程的控制，为智慧物流信息平台的建设提供技术支撑和改造基础。

第一，运营企业需要在自身企业信息平台的基础上，加强数据中心和业务平台的建设，并对传感网所采集的信息进行有效处理、存储和管控，以加快对新的商业模式的挖掘。

第二，运营企业应尽快丰富终端产品的种类，终端产品的研发应该适度超前于网络建设。根据运营商的经验，终端产品这一环节是平台运营的基础，而物联网在终端产品方面的压力更为突出，必须引起运营企业的高度重视。

第三，运营企业需要构建一定规模的大数据生态圈，在物流产业商用模式的基础上进行智慧物流信息平台服务的推广，这样大数据业务才能真正落到实处。

第四，运营企业需要制定相应的平台信息化标准，规范接口协议和承载协议，实现智慧物流信息平台内部运作与外部接口协议的统一。

（3）信息平台运营环境基础

大数据背景下的智慧物流信息平台运营的环境基础主要包括以下几方面。

①中央政府有关部门及地方政府对行业的管理和政策支持；

②现代物流管理体制与市场环境促进了大数据技术的推广和实施；

③物流管理规范与信息技术标准尚未统一；

④具备丰富的客户资源。

（四）智慧物流信息平台保障技术

在大数据背景下，智慧物流信息平台利用海量信息采集与控制技术，实现物流资源的高效利用和物流过程的高效运作。智慧物流信息平台是智慧物流产业的核心和关键，其运营不仅涉及物流企业内各部门间的信息共享，还涉及与政府、金融、电商等外部体系间的协作，需要完成多源异构数据的整合与集成。整个平台的运营是一个非常复杂的系统工程，必须运用强有力的保障技术，建立完善的保障机制，支持物流信息平台的平稳运转。

1.智慧物流信息平台运营保障需求分析

物流行业需要依靠信息技术来整合利用信息资源，提高工作效率和工作的精确度，智慧物流信息平台应用前景广阔。目前，国内物流信息平台不同商业模式并存，运营商、金融机构、客户虽然已经在不同程度上建立起合作关系，但总体来看，平台运营的保障机制还不健全。大数据背景下的智慧物流信息平台运营的保障需求如下。

（1）信息的机密性

在使用平台服务的过程中，物流企业用户的各项业务数据、财务数据等企业机密资料有可能在传递过程中被非法用户截取，这可能导致用户在行业竞争中处于不利位置，并蒙受经济上的损失。

（2）信息的完整性

在使用平台服务的过程中，物流企业用户的敏感、机密信息和数据在传递的过程中可能会被非法用户恶意篡改，造成用户的重大损失。此外，物流企业用户在使用物流信息平台提供服务的过程中，其客户、供应商等合作方和服务方的重要数据也可能被篡改，从而造成需要共同承担的经济损失。

（3）信息的不可抵赖性

智慧物流信息平台可实现与金融、政府部门的对接，实现电子金融等扩展服务。交易步骤和一些业务步骤对于物流企业用户，将是不可逆的过程，平台为满足相关政策法规和行业秩序需要建立相关保障体系。

（4）信息的真实性

智慧物流信息平台不仅需要考虑平台的运营企业及其客户信息的真实性，还需考虑物流行业各参与主体在利用信息平台完成物流业务流程时的流程信息、支付信息等是不是真实，避免一些投机分子提交虚假信息扰乱物流市场秩序。

（5）身份认证

智慧物流信息平台的身份认证是运营商与用户在互不见面的情况下，通过移动通信网、企业局域网、行业专网等网络技术完成的，需要确认彼此的真实身份，建立信任关系，保证平台服务全过程的安全。

（6）支付的安全性

用户利用信息工具支付时所产生的账号、密码等都是高度敏感的信息，如果受到侵害，可导致个人在输入账号、密码等敏感信息时受到病毒、木马程序的攻击，威胁用户的银行账号安全，使用户蒙受很大的损失。因此需要平台采取一定的措施来确保支付过程是安全的，否则将极大地影响物流企业使用该平台的信心和积极性。

（7）法规保障的执行

智慧物流信息平台开展物流业务涉及一系列的法律法规，包括物流行业法规、物联网行业法规、商业法规等，并且需要建立相应的争议解决和仲裁机制。

（8）信用环境保障

由于网络的广泛性、公开性和匿名性，以及在业务过程中需保证信息的真实性、机密性、完整性和不可抵赖性等，平台运营企业和用户都需要一个诚信的环境，所以需要在技术上建立一个有效的机制，来确保物流信息平台安全、可信、合法地运行。

2.智慧物流信息平台运营保障技术

智慧物流信息平台运营保障问题是利用大数据技术开展物流业务的关键影响因素之一，因此必须建立适当的信息保障技术体系，保护在网络层传输中涉及用户支付信息的敏感数据，保证平台运营的安全性。保障措施主要包括法律、政策、安全管理、信息安全技术等。本节将基于智慧物流信息平台运营涉及的流程环节，从信息保障技术体系出发提出智慧物流信息平台运营保障技术体系框架。

在智慧物流信息平台运营保障技术体系框架中，运营企业可利用完整性保护技术、加密技术、身份认证技术、身份管理技术、安全审计技术、数字签名技术、密钥管理技术、访问控制技术、风险评估技术、安全防护技术、安全存储技术、安全中间件技术、代码签名技术等保障平台的正常运行。

（1）完整性保护技术

在智慧物流信息平台中，对物联网环境下的物流业务信息一般采用数字签名技术、TAC码技术等保证业务的完整性，防止信息的缺失和错误，保障平台的安全运营。

（2）加密技术

智慧物流信息平台一般采用业务密钥，包括PKI和对称密钥的有机结合机制、加密主密钥和支付服务系统密钥来保证平台的信息私密性。

（3）身份认证技术

智慧物流信息平台通过USB Key认证、基于对称加密算法的共享密钥身份认证、用户名/口令认证等方式来实现用户的身份认证。

（4）身份管理技术

身份管理技术旨在解决大规模异构网络环境中用户身份管理问题，通过标识智慧物流信息平台中的个体并将用户权限和相关约束条件与身份标识相关联，进而控制成员对平台资源的访问，形成集身份认证、授权管理、责任认定于一体的基础设施框架，从而有效降低管理用户身份、属性和信任证书的成本，提高平台的效率和安全性。

（5）安全审计技术

安全审计技术是指由专业审计人员根据有关的法律法规、财产所有者的委托和管理当局的授权，对有关活动或行为进行系统的、独立的检查验证，并做出相应评价的一种技术。安全审计技术包含日志审计和行为审计。

（6）数字签名技术

数字签名是指附加在数据单元上的一些数据，或是对数据单元所做的密码变换。这种数据变换允许数据单元的接收者确认数据单元的来源和完整性并保护数据，防止被非授权者进行伪造。在智慧物流信息平台中，通常采用对关键服务信息进行第三方签名的方式保证业务的不可抵赖性和完整性。

（7）密钥管理技术

密钥管理技术包括从密钥的产生到密钥的销毁的各个方面，主要表现为管理体制、管理协议和密钥的产生、分配、更换和注入等。密钥管理机制应包括PKI和对称密钥的有机结合机制，利用可靠的密钥管理技术可判断信息的真实性和有效性。

（8）访问控制技术

访问控制技术是指按用户身份及其所归属的某项定义组来限制用户对某些信息项的访问，或限制对某些控制功能的使用的一种技术。

（9）风险评估技术

风险评估技术是对信息资产（某事件或事物所具有的信息集）所面临的威胁、存在的弱点、造成的影响，以及三者综合作用所带来风险的可能性进行评估的一种技术。

（10）安全防护技术

安全防护技术是指采取相应的安全措施对信息资产进行保护的一种技术，在平台运营事故发生前应做好预警与应急工作。

（11）安全存储技术

安全存储技术包括存储环境安全、存储介质安全、存储管理安全、病毒处理等技术，常用于信息平台运营。

（12）安全中间件技术

安全中间件处于平台与用户系统之间，为用户提供运行与开发的环境，帮助用户灵活、高效地开发和集成复杂的应用技术。

（13）代码签名技术

智慧物流信息平台通过对代码的数字签名来标识服务模块的来源及模块开发

者的真实身份，保证代码在签名之后不被恶意篡改，使用户在利用平台进行相关业务时，能够有效地验证该代码的可信度。代码签名主要针对用户，是用来保证物流企业用户在使用平台时不被病毒感染。

3．智慧物流信息平台运营保障基础

针对智慧物流信息平台运营保障的需求，结合信息平台所需的保障技术、信息平台的总体规划设计，从标准规范、政策法规、综合资源和基础设施四个方面分析信息平台运营的保障基础。

（1）标准规范

建立智慧物流行业的规范、统一其标准是规范利用智慧物流信息平台进行物流活动的可靠保障和有力工具。在智慧物流信息平台发展的初期就应该充分认识到标准化工作的重要性，在充分了解相关标准的基础上开展大数据背景下智慧物流信息平台的标准需求研究，进而针对需要标准化的领域按照需求的迫切程度逐步形成一些关键标准，在此基础上初步建立并逐步完善智慧物流信息平台的标准化体系。

（2）政策法规

在政策法规方面，区域和行业需要尽快制定大数据背景下智慧物流信息平台建设与运营的政策法规，完善物流信息平台运营监管制度。产业的发展离不开政府的扶持与宏观调控，智慧物流信息平台需要政府和其他职能机构通过制定有关的政策法规来实现对智慧物流信息平台商业活动的宏观管理，提供产业发展导向，与国民经济其他领域协调发展，推动整个社会经济的进步。

（3）综合资源

智慧物流信息平台的运营对技术、人才、资金等资源都有较高的要求。大数据技术作为信息产业的第二代革命性技术，集合了信息行业的前沿技术，而现代物流中信息技术的应用也较广，已自成体系，两者的融合有一定的挑战性，是一个全新的领域。物流信息平台服务需要一定的技术和人才储备。

（4）基础设施

大数据背景下智慧物流信息平台的保障体系需要大量的设备支持，数据的采集、传输、储存等也需要特定设备才能进行，这些设备共同组成了智慧物流信息平台的基础设施。

二、运输管理系统

（一）建设需求及意义

1. 系统建设需求

运输是物流运作的重要环节，在各个环节中，运输时间及运输成本占有相当比重。现代运输管理是对运输网络和运输作业的管理，在这个网络中传递着不同区域的运输任务、资源控制、状态跟踪、信息反馈等信息。运输管理系统则能够利用现代计算机技术和物流管理方法将运输管理智能化、可视化，以达到克服传统人为控制运输网络信息和运输作业的效率低、准确性差、成本高、反应迟缓，无法满足客户需求等问题的目的。

具体来说，运输管理系统就是利用现代信息技术，实现对运输计划、运输工具、运送人员及运输过程的跟踪、调度指挥等，从而解决智能化综合运输问题的一种管理系统。该系统旨在将时间效率、便捷性、个性化需求作为衡量标准，综合各种运输方式的相互促进作用，实现整个运输系统的高效运转；同时能够协调各种运输方式之间的关系，进一步提高运输能力、运输速度和经济效益。

2. 系统建设意义

运输管理系统立足物流行业现状，结合企业发展目标，着眼长远，从提高运输管理信息化的高度，利用新技术、新手段、新装备，实现物流企业业务部门间的信息资源共享和协调配合，实现运输业务统一管理，对物流运输业务提供一流管理、组织和服务。

运输管理系统主要是完成对运输工具和运送过程的管理，有利于提高物流运输的服务水平。运输管理系统的作用主要表现在：在运输业务的智能管理方面，能够有效降低运输管理成本、提高运输过程中的服务质量、保障车辆和货品的安全并为决策提供依据；在保障运输体系的高效运转方面，能够实时掌控车辆、人员及运输任务的完成情况，合理分配任务资源，减少在运输任务密集时间内车辆、人员和车队的空置现象，高效完成运输任务，提升车辆有效运载里程；在社会车辆的运力整合方面，能够提高对车队、车辆的管理效率，降低管理成本，借助信息化手段和智能化管理方法，提高服务水平。

（二）业务流程分析

运输管理系统以完成运输任务为核心目标，即通过对运单信息、车辆、人员和货物的调配，完成接收需求、编制运输计划、调度车辆、运输跟踪和反馈等。因此，本系统应在满足客户需求的基础上，对运输过程中的核心业务环节进行信息化和智能管理，以提高服务水平、增加系统弹性和适应性、实现降低运输成本的目标。物流企业运输业务流程，如图4-1所示。

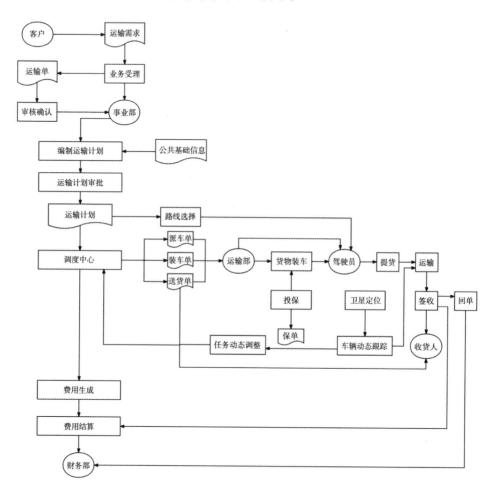

图 4-1 物流企业运输业务流程

物流企业运输业务的开展方式：事业部完成运输计划的编制，并将反馈调整后的计划传送到调度中心；调度中心根据计划完成车辆和人员的调配并生成相应单据；运输信息以单据为载体在部门间流动，运输部进行运输作业完成运输；通过系统的定位功能对货物和车辆实时信息进行反馈，使运输高效、快捷、安全完成。

运输业务数据流程即根据系统内部数据流动构建物理模型，由数据在各部门的传输过程来反映实际运输业务数据处理的过程。物流企业运输业务数据流程，如图4-2所示。

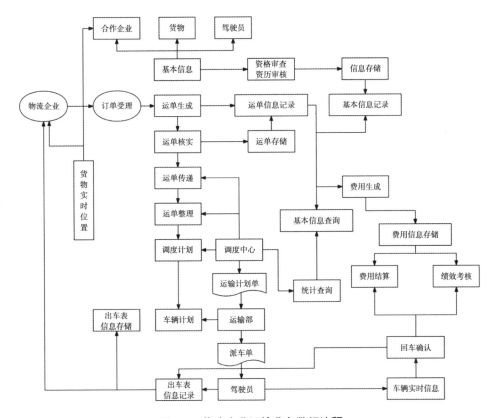

图4-2 物流企业运输业务数据流程

（三）系统总体结构及功能描述

运输管理系统应涵盖物流企业核心业务，这是提高企业综合能力、降低运输成本、促进经济增长的重要环节和切入点。运输管理系统一般包括八个子系统，即基础信息管理子系统、运输计划管理子系统、车辆调度管理子系统、动态实时跟踪管理子系统、车辆状态及安全管理子系统、订单管理子系统、财务和绩效管理子系统、统计与分析管理子系统。

1. 基础信息管理子系统

基础信息管理子系统包括系统用户管理、车辆信息管理、货物信息管理、运输人员信息管理、客户信息管理、用户反馈信息管理等功能模块，旨在通过对业务往来企业、车辆及用户反馈信息的组织管理，为计划编制、运输，以及信息在各部门间流通、传递提供支撑和方便。

2．运输计划管理子系统

运输计划管理子系统包括车辆管理计划、装车计划、运输计划、车辆调度计划、运输量计划、人员分配计划等功能模块，旨在通过对运输需求整合、分类、再分配，对车辆、人员和运输业务进行初步规划，再制定相应计划，指导车辆调度作业，在很大程度上提高运输作业的效率，更好地指导车辆调度工作，保障运输任务的顺利完成。

3．车辆调度管理子系统

车辆调度管理子系统包括行车指导、运输车辆选择、车辆应急调度管理、司机信息管理、车辆安全与维护等功能模块，旨在根据运输任务和运输计划，通过有效的调度管理，使自有车辆和社会车辆形成一个有机整体，最大限度地发挥运输潜力，同时根据掌握的货物流量、流向、季节性变化等情况，制订运输计划，全面细致地安排车辆运输任务，保证安全、高效、快速地完成运输任务。

4．动态实时跟踪管理子系统

动态实时跟踪管理子系统包括货物和车辆实时跟踪管理、运输监控管理、货物与车辆在途状态查询、运输通信管理等功能模块，旨在动态实时跟踪管理在途车辆及其信息，反馈车辆状态和货物运输状态，对在途车辆、车载终端、运输人员等设施设备和运输货物位置、运到时间、货物状态等进行管理和控制，与车辆调度完美衔接，使运输信息传递形成完整闭环。

5．车辆状态及安全管理子系统

车辆状态及安全管理子系统包括车辆信息采集与管理、车辆信息跟踪、车辆状态查询、车辆安全预警、车辆安全应急处理等功能模块，旨在对车辆状态进行管理，得到车辆是否在维修、是否到达检修时限、车辆状态评估结果等信息，并且在车辆状态不合格时进行安全预警。

6．订单管理子系统

订单管理子系统包括订单生成管理、订单状态管理、订单审核管理、单证实时查询等功能模块，旨在对实际运输业务订单产生、发展、建立、确认、完成信息储存的全过程进行信息化处理，同时保证运输业务数据流程的完整性。

7.财务和绩效管理子系统

对财务和绩效进行管理,主要是对运输成本进行核算、对运输人员及驾驶员进行绩效考核和分配,可实现对运输价格的掌握,有利于实现企业经营目标,产生良好的激励效应和实现对公司业务的良好管控。

8.统计与分析管理子系统

统计与分析管理子系统包括运输量统计分析、运输日志管理、行车记录管理、财务指标统计分析、核心指标统计分析等功能模块,旨在通过对日常产生的各种数据进行读取、分类、分析和计算等,辅助支持公司决策,同时为所提供物流服务的企业提供咨询建议。

三、仓储监管系统

(一)建设需求及意义

1.系统建设需求

仓储监管系统集库存管理、货物进出库管理、客户统计等功能于一体,并充分运用数据仓库、数据共享、数据挖掘等大数据技术和智能化技术。应用这一系统可以提高仓储作业的效率、降低仓库运营成本、实现业务流程的透明化和可视化,确保信息的高效处理、有效利用和及时共享,并能运用智能终端、信息平台等对仓储的运作情况进行实时统计和数据分析,形成相应的仓储产品指数,对仓储企业及上下游企业的运行进行指导。

2.系统建设意义

物流企业运用现代化的信息技术建设仓储监管系统,对物流过程中产生的信息进行采集、分类、传递、汇总、识别、跟踪、查询等,可以实现对货物流动和在库保管过程的全方位控制,提高仓储监管各项业务的效率,提高业务的处理速度和规范化程度,降低仓储成本,减少货差货损,提高服务质量,提高业务信息化水平,保证信息的高效流转和互联互通,实现物流仓储业务的智能化、信息化和自动化,增强企业仓储业务的核心竞争力。

(二)业务流程分析

仓储监管业务流程以在库货物的保管为核心内容,这一流程从被保管货物到达仓库开始,经过相应的保管作业,直到货物按需求送出保管场所为止。仓储是连接生产者和消费者的重要纽带,是整个供应链中的关键一环,而仓储业务的业务流程对提高物流运作效率、优化作业资源配置起着决定性的作用。因此，仓储监管系统应在满足客户需求的基础上，对仓储过程中的核心业务流程进行细分，以提高服务水平、增加系统弹性和适应性、实现仓储业务的增值。对仓储监管系统的入库管理、库存内部管理和出库管理三个核心业务进行梳理和分析可知，入库管理主要包括货物检验、入库作业、入库查询、分配仓位；库存内部管理主要包括货物查询、货物盘点、仓位调整、仓位信息管理；出库管理主要包括货物检验、出库准备、拣货备货、生成出库单。

（三）系统总体结构及功能描述

仓储监管系统作为物流信息的信息枢纽，是控制库存、降低库存成本、提高经济效益的关键一环。为确保仓储管理业务的顺利开展，仓储监管系统应基于上下游企业的需求进行有效的库存管理，并根据配送需求进行高效的出入库作业，还应为供应链上各节点企业提供决策支持信息。仓储监管系统一般包括8个子系统，即基础信息管理子系统、入库管理子系统、库存管理子系统、出库管理子系统、仓储信息监控管理子系统、仓储财务管理子系统、客户关系管理子系统、业务数据分析管理子系统。

1．基础信息管理子系统

基础信息管理子系统主要包括四个功能模块，分别为权限设置管理、用户信息管理、库存信息管理和货物信息管理。这一子系统主要是对仓储监管系统中的基础信息进行管理和统计，对各类用户进行系统权限管理等。基础信息管理子系统中所包含的信息将贯穿整个仓储监管系统，是货物的入库管理、库存内部管理、出库管理和数据分析等具体业务的基础。

2．入库管理子系统

入库管理子系统的具体功能包括货物检验、仓位分配、入库作业、入库查询四个功能模块。这一子系统主要是对货物入库的前期准备工作和入库作业工作进行管理和记录，即先由工作人员根据货物采购单检验货物准确无误，再由系统根据货物的种类、货物特性、保管方法等统筹分配仓位、入库时间和操作人员，以实现入库流程标准化、信息化。

3．库存管理子系统

库存管理子系统主要包括货物查询、库存调拨、货物盘点、仓位信息查询四个功能模块。这一子系统主要是对在库货物的管理和查询，即通过货物盘点功能可以实时追踪仓库中货物的库存情况，为用户提供最新的货物库存信息，实现多仓库间的货物调拨，以适应多品种货物和多仓库环境的监管要求，实现在库货物的有效管理。

4．出库管理子系统

出库管理子系统包括出库准备、拣货备货、货物检验、生成出库单四个功能模块。这一子系统主要是对货物出库前的准备工作和出库作业工作进行管理和记录，即根据货物名称和数量，由工作人员进行检验，以确定库存足够，再由系统根据货物的出货时间、出货种类等，统筹安排拣货备货和货物出库，并生成相应的出库单据，以提高出库效率，改善服务水平，实现出库作业流程的标准化和信息化。

5．仓储信息监控管理子系统

仓储信息监控管理子系统分为货物基础信息、货物状态信息、设备状态信息、业务流程信息、库存预警、作业环境监控六个功能模块。这一子系统主要是实现各种仓储信息的初步处理、展示和查询，且对仓储监管系统及其他子系统中的数据进行分类处理和实时更新，以全方位监控货物在库、运输、移库等过程，提高仓储服务水平。

6．仓储财务管理子系统

仓储财务管理子系统包括费用结算、采购管理、销售管理、结算管理和财务信息检索查询五个功能模块。这一子系统主要是根据相关法规制度，对仓库的仓储成本（仓储费用、吊装费用、转户、库存调拨费用、装卸费用等）、租赁费用等，以及企业的采购、销售需求等数据进行统计和计算，并按照财务管理的原则组织企业财务活动、处理财务关系，对结算情况进行分析，生成相关财务报表与业务运行统计图，以实现仓储企业财务信息自动化管理的目标，为决策提供支持。

7．客户关系管理子系统

客户关系管理子系统包括客户资料、仓储报价、收款明细、合同管理、到货提醒与欠款提醒六个功能模块。这一子系统主要通过客户关系数据库对客户的历史业务数据进行统计分析和客户评价，以达到分析客户需求、提供个性化服务、改善服务质量、为决策提供支持等目的。

8．业务数据分析管理子系统

业务数据分析管理子系统包括联机登录、容积计算、损毁登记、状态报告四个功能模块。这一子系统结合数据仓库、数据挖掘与数据分析等大数据技术和智能化技术，对仓储监管中的所有数据进行系统化分析，将库房利用率、设备利用率、中转率、货物进出量、仓储收入等信息数据以报表、图表等形式反馈给系统操作人员，以达到改善仓储业务服务水平、提高仓库利用率的目的。

四、配送管理系统

（一）建设需求及意义

1．系统建设需求

配送直接面对消费者，能够最直观地反映供应链的服务水平，"如何将产品及服务在恰当的时间、地点，以较高的服务水平和质量、较低的成本将恰当的商品或服务提供给恰当的消费者"成为物流企业必然要思考的配送问题，多品类、少批量、多频次的配送则对企业的服务质量、资源和成本提出了更高要求。而集约配送系统则是通过多种信息化技术手段，围绕配送一体化管理，借助该系统的统计和分析功能，以提高配送综合效益为目标，实现配送的集约化、信息化、智能化管理，从而达到降本增效的目的。

2．系统建设意义

物流企业配送管理系统通过采用智慧化配送方法可以形成成规模的、便于现代化管理的生产组织形式，能够协调各物流企业的运输资源，发挥集团化、规模化的优势，挖掘"第三利润源泉"，降低物流成本。同时，物流企业配送管理系统还可以充分利用信息和网络技术，运用现代化组织和管理方式，拓展供应链管理的服务范围，对物流、运输、仓储、配送、信息等环节进行资源整合，最大限度地规避资源重复设置和浪费。

（二）业务流程分析

配送业务从客户委托配送任务开始，包括订单处理、进货、储存、分拣、流通加工、配装出货、送货等环节。物流企业配送管理系统流程，如图4-3所示。

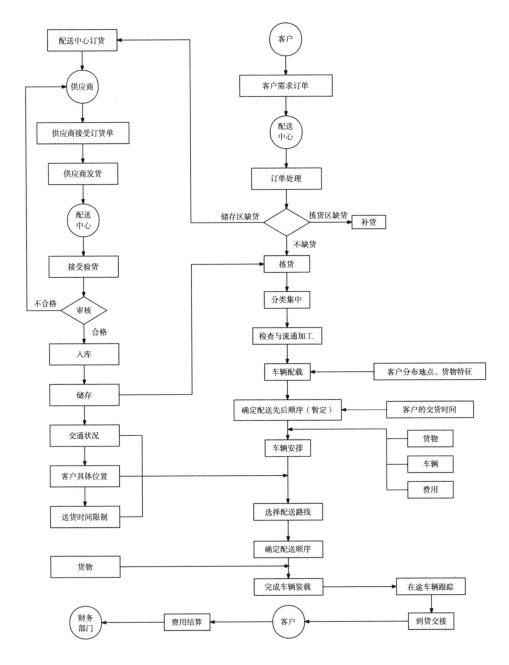

图 4-3　物流企业配送管理系统流程

（三）系统总体结构及功能描述

配送作业信息系统是对订单处理、备货、储存、拣货、配货、送货等作业过程中的信息进行分析和处理的信息管理系统。配送作业信息系统一般包括六个子系统，即订单管理子系统、进货管理子系统、储存管理子系统、理货管理子系统、配送运输管理子系统、财务管理子系统。

1．订单管理子系统

订单管理子系统主要包括客户订单的接收、审核、执行跟踪等功能模块，为客户提供周到的服务，尽量满足客户的需要。订单的接收功能主要就是接收客户订单，对订单信息进行登记，包括客户信息、需求单位信息等，根据订单信息，对客户分布、商品性质、品种数量及送货频率等资料进行分析，以确定所要配送的货物的种类、规格、数量和配送时间等，并进行信息入库，及时制订补货计划等。订单的审核功能主要是对订单的有效性进行审核，如有订单不符合规范，则进行修改或拒收。订单的执行跟踪功能主要是对订单的执行情况进行跟踪，及时掌握订单状态。

2．进货管理子系统

进货管理是配送的准备工作或基础工作，备货工作包括筹集货源、订货及有关的质量检查、交接等工作。进货管理子系统主要包括订货管理、接货管理和验收管理三个功能模块。配送中心首先根据客户订购的商品种类和数量，以及库存水平，及时向供应商订货或补货，也可以根据客户需求预测情况，提前向供应商订货。确定合理的订货数量，既要满足客户需求，又要尽可能降低库存积压。然后，对不同供应商的供货时间、地点、商品种类、数量等进行跟踪管理，根据这些信息提前安排人力、物力接收货物。最后，根据合同条款要求和有关质量标准，对商品的种类、规格、数量、质量、包装等内容进行验收。商品验收合格后，办理有关登账、录入信息及货物入库手续，组织货物入库。

3．储存管理子系统

储存管理子系统主要包括入库管理和在库管理两个功能模块。入库管理功能包括预定入库数据处理和实际入库数据处理。预定入库数据处理就是根据采购单上的预定入库日期、货物种类及数量，供应商预先通知的到货日期、货物种类及数量，定期打印出预定入库数据报表。实际入库数据处理就是根据采购单号、厂商名称、货物基本信息等，完成入库货物验收信息的记录及验收中意外情况的处理，制定入库月台及卸货地点安排表。在库管理功能主要包括货物分类分级管理、订购批量及订购时点的确定、库存跟踪管理、盘点管理和预警管理。货物分类分级管理就是按货物类别统计其库存量，并按库存量排序和分类。订购批量及订购时点的确定主要是根据货物名称、单价、现有库存信息、采购提前期及配送成本等数据计算确定订购批量及订购时点。库存跟踪管理主要是从数据库中调用现有库存的储存位置、储存区域及分布状况等信息，生成货物库存量查询报表、货位查询报表、积压存货报表等。盘点管理主要是定期打印各类货物盘点计划表、输入盘点数据、打印盘盈盘亏报表和库存损失率分析报表等。预警管理主要是对商品库存数量、保质保鲜、滞销畅销情况等进行预警处理。

4．理货管理子系统

理货管理子系统包括货物分拣管理、配货管理和流通加工管理三个功能模块。分拣管理功能主要是针对顾客的订单要求和配送计划，配送中心迅速、准确地将商品从其储位拣取出来并按照一定方式进行分类集中，合理规划与管理分拣，该功能有利于配送中心提高作业效率和降低作业成本。为了充分利用运输车辆的容积和载重能力，提高运输效率，可以将不同用户的货物组合配装在同一辆载货车上，因此，在出货之前还需完成组配或配装作业。有效的混载与配装，不仅可以降低送货成本，而且可以减少交通流量、改变交通拥挤状况。流通加工管理功能主要是根据客户的订单内容及拣货与流通加工资源信息，制定拣货规划、流通加工规划，记录拣货人员或流通加工人员的实际工作情况，制作并打印实际工作报表等。

5．配送运输管理子系统

配送运输管理子系统主要包括配送计划、配载调度、车辆管理和在途车辆跟踪四个功能模块。配送计划功能主要是明确客户的配送物资品类、规格、包装形式、运量和发运时间，并制定相应的计划，包括配送时间、装载方式、车型选择和车辆安排等。配载调度功能主要是根据运力资源的实际情况，对配送运输作业任务进行调度安排，生成相应的运输作业指令和任务，具体是指根据货物的重量、体积、目的地、车辆情况、驾驶员情况及线路情况，制定出车辆、货物和路径的最优组合方案。配载调度功能分为线路选择、装载规划和车辆调度三个部分。车辆管理功能包括车辆业绩统计、车辆档案管理、车辆保养、车辆消耗、路线管理、车辆维修管理等。在途车辆跟踪功能可以通过卫星定位系统对车辆在途状况进行监控，及时了解并记录车辆位置和状况，如正常行驶、故障、中途卸货、扣留等。物流企业通过在途车辆跟踪功能，可以查询任意指定订单的车辆在途情况。

6．财务管理子系统

财务管理子系统包括运单结算、人员工资管理两个功能模块。运单结算功能主要是对完成的运单进行结算处理。货物出库后，配送中心根据出货数据制作应收账单，并将账单转入会计部门，当客户收到货物，订单任务完成后进行结算。人员工资管理功能主要是对配送各环节的人员工作情况进行统计，财务会计部门在向员工支付工资时，必须出具工资明细清单。

五、物流金融服务系统

（一）建设需求及意义

1．系统建设需求

随着我国经济的发展和政策的逐步开放，物流金融逐渐成为经济发展的重要一环，特别是在物流业发展迅猛的今天，物流金融已经形成巨大的市场需求。物流企业应当逐步开展仓单质押、融资租赁、贸易融资、代客结算、商业保理、应收应付、车辆贸易回购等物流金融业务，有效地组织和调剂物流业务中各类存款、贷款、租赁、保险、贴现、抵押、沉淀资金，以及银行办理的各类与物流业务相关的中间业务的资金流动，从而实现自身物流业务的增值，创造新的利润增长点。

2．系统建设意义

物流金融服务系统既可以保证物流、信息流、资金流在物流企业、金融机构、融资企业之间无障碍流转和共享，提高信息共享水平，又可以对物流金融业务从立项开始到项目结束所有的合同、票据、贷款发放、资金流向、质押过程、保险等信息进行全程追踪，以保证监管方、银行、生产商、经销商等多方获益，提高风险管控水平。物流金融服务系统可以提高物流金融业务运转效率，拓宽中小型企业的融资渠道，提高金融机构的竞争力，实现供应链服务水平的提升。

（二）业务流程分析

常见的物流金融服务包括融资租赁业务、仓单质押业务、保兑仓业务等，具体业务流程分析如下。

1．融资租赁业务流程分析

融资租赁是一种有效的资金筹措方式。融资租赁业务是指出租人根据承租人对出卖人、租赁物件的选择，向出卖人购买租赁物，提供给承租人使用，由承租人支付租金的一种金融服务。这一业务要经过申请融资租赁、项目评估、签订合同、办理贷款、合同执行等流程。

2．仓单质押业务流程分析

仓单质押业务就是根据货主企业要求把货物存储在仓库中，凭仓库开具的仓单向银行申请贷款，银行根据货物的价值提供贷款；同时，由仓库代理银行监管货物，并收取一定报酬。

3．保兑仓业务流程分析

保兑仓业务是指以银行信用为载体，以银行承兑票据为结算工具，由银行控制货权，卖方（或仓储方）受委托保管货物，承兑汇票，保证金以外的金额由卖方以货物回购作为担保，由银行向生产商（卖方）及其经销商（买方）提供的以银行承兑汇票为结算方式的金融服务。

（三）系统总体结构及功能描述

物流金融服务系统根据物流金融业务需求，针对相应的物流金融业务，结合金融机构实时监管的需要，设计相应的子系统，以实现对各类基础信息、银行贷款信息、投保信息、质押过程信息等的管理，并对质押物品的价格进行实时监控，确保业务的高效运转。物流金融服务系统一般包括九个子系统，即基础信息管理子系统、融资租赁管理子系统、商业保理管理子系统、代客结算管理子系统、贷款管理子系统、仓储保险子系统、质押过程管理子系统、价格监控与智能预警子系统、统计分析子系统。

1．基础信息管理子系统

基础信息管理子系统包括申贷机构基础信息管理、金融机构基础信息管理、质押物基础信息管理和票据信息管理四个功能模块。这一子系统实现了对各种信息的查询、修改、添加和报表生成等，是对基础业务信息的集成化、标准化管理，为业务的开展和数据的分析提供了数据基础。

2．融资租赁管理子系统

融资租赁管理子系统包括审查信息管理、租前信息管理、租后信息管理和合同管理四个功能模块。这一子系统主要用于车辆售后回租业务，可以实现对车辆售后回租的各个环节的信息化管理和控制，并可以对租赁客户、担保人、供应商的租赁信息和车况、还款信息和产权转移等流程进行可视化管理，以提升融资租赁的效率和管理水平。

3．商业保理管理子系统

商业保理管理子系统包括账款管理、账款催收、信用管理和合同管理四个功能模块。商业保理管理子系统既可以实现对商业保理中的账款催收、账款转移、信用管理、合同管理等管理过程的信息化管控，从而减少坏账，提高商业保理的业务水平和质量，也可以实现前期风险管控，明确关键时间节点，对账款进行全程追踪，进而提高业务运作水平。

4．代客结算管理子系统

代客结算管理子系统包括代收货款、垫付货款、沉淀资金管理和合同管理四个功能模块。这一子系统可以实现对代收货款、垫付货款等流程的标准化管理和对沉淀资金的流向进行全程监控，从而为客户提供优质、高效的结算业务，降低客户的资金交易风险，保障资金安全，并且可以利用沉淀资金周转带来的效益实现供应链整体效益的提高。

5．贷款管理子系统

贷款管理子系统包括贷款申请管理、贷款审核管理、贷款发放管理、贷后信息管理和贷款明细管理五个功能模块。这一子系统可以实现对贷款的申请、审核、发放及贷款跟踪检查等环节的管理，使各环节及相关业务数据的管理规范化、高效率，从而可以准确评估每笔贷款的实际价值和风险程度，追踪贷款的流量和流向，降低贷款风险，提高贷款质量，增加信贷收益。

6．仓储保险子系统

仓储保险子系统包括保单信息管理、投保管理和理赔信息管理三个功能模块。这一子系统可以实现对保单、投保、退保、理赔过程的查询和管理，确保业务运营风险可控，降低风险事件带来的损失。同时，金融机构可以通过这一子系统销售相关仓储保险产品，为客户提供全方位的服务。

7．质押过程管理子系统

质押过程管理子系统包括质押审核、巡查管理、解押管理和保全管理四个功能模块。这一子系统可以实现对质押过程中货物的审查、管理、解押、保全等业务环节的数字化、智能化管理，减少货物在仓储过程中的损失，提高质押水平，确保仓单质押业务稳健、高效开展。

8．价格监控与智能预警子系统

价格监控与智能预警子系统包括价格监控、价格预测和智能预警三个功能模块。这一子系统可以实现对质押物品市场情况和商业价格的实时监控与智能预警，提高业务风险掌控能力，减少因市场波动而造成的损失，进而保障贷款机构与申贷机构的商业利益，并为数据分析提供数据基础。

9．统计分析子系统

统计分析子系统包括业务分析、市场分析和报表生成三个功能模块。这一子系统通过对物流金融业务的活动情况和资料进行收集、整理，并结合企业发展需求和业务开展情况对数据进行相应分析，再以报表、文档的形式反馈给用户，可以帮助企业分析物流金融业务的运转水平、了解市场和客户需求，从而提高自身服务水平。

六、安全管理与应急保障系统

（一）建设需求及意义

1．系统建设需求

随着移动互联网和大数据时代的到来，自然和社会等各方风险、矛盾交织并存，信息安全越来越受到重视，同时在运输管理、仓储管理、配送管理及其他增值服务等日常业务中，安全管理及应急保障是物流企业必须重视的内容。这就要求物流企业必须有一个相对完善的安全管理体系，在出现突发情况时，能够快速启动应急流程，依据相关应急预案以最快的速度处理，将损失降到最低，切实保障智慧物流信息平台的安全性和可控性。

2．系统建设意义

安全管理与应急保障系统可以为综合运输、仓储监管、集约配送等业务制定安全有效的处理办法，保障各项业务的顺利开展，是企业正常运作的重要系统支撑和保障手段；同时，当遇到突发情况时，系统将快速接收突发事件的相关信息，并及时通知相关管理人员，进入突发事件的应急处理程序，跟踪事件的处理过程并及时展现，以求用最有效的方式快速处理突发事件，提高企业事故处理、紧急响应能力。

（二）业务流程分析

安全管理与应急保障系统通过管理人员、监控设备等将采集到的仓储信息、运输信息、配送信息等导入业务安全管理子系统中，经过分析处理形成数据库，并建立综合查询功能，然后通过安全评价系统、安全预警子系统，不断完善应急预案，保障企业物流仓储、运输、配送等业务的安全、可靠运行。物流企业安全管理与应急保障系统业务流程，如图4-4所示。

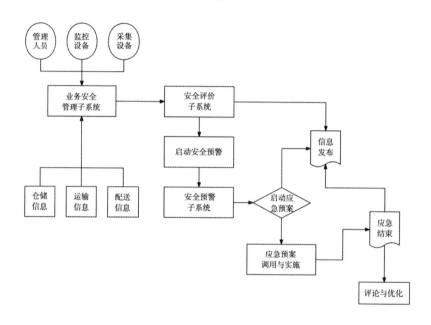

图4-4　物流企业安全管理与应急保障系统业务流程

（三）系统总体结构及功能描述

为了保障智慧物流信息平台的数据及系统安全，物流企业建立了安全管理与应急保障系统，一旦出现突发情况，该系统可以快速启动应急流程，依据相关应急预案以最快的速度处理，将损失降到最低，切实保障企业信息及业务的安全，提升应急保障能力。安全管理与应急保障系统一般包括四个子系统，即业务安全管理子系统、安全评价子系统、安全预警子系统、应急预案子系统。

1．业务安全管理子系统

业务安全管理子系统主要包括业务基础设施管理、业务流程安全管理、业务人员安全管理三个功能模块。这一子系统主要是针对业务流程、业务人员安全权限的管理，以满足企业对运输、配送、仓储等业务的安全管理需求，保障企业用户物流运输、配送、仓储等业务安全、可靠地运行。

2．安全评价子系统

安全评价子系统包括评价指标体系建立、安全系统评价模型构建、安全系统评价分析三个功能模块。这一子系统主要是对安全信息及统计信息进行安全评价，为安全预警提供相应的指标数据，同时安全评价子系统还可以对企业的安全预警、应急预案启动起到一定的指导作用。

3．安全预警子系统

安全预警子系统主要包括预警准则及指标生成、警情预测模型构建、警情数据分析与级别判定、安全预警决策支持四个功能模块。这一子系统主要是对物流企业运输、配送、仓储等业务的安全状况进行分析，确定报警类型和报警级别，并根据分析结果，对外发布警情。

4．应急预案子系统

应急预案子系统主要包括应急预案分类管理、应急流程管理、应急预案自动生成及应急预案调用与实施四个功能模块。这一子系统可根据报警级别或临时报警，确定是否启动应急预案，通过决策支持辅助相关人员实施应急措施，并进行事故的情况评估，同时也可将成功实施的对策添加到决策支持库中，提高应急响应的速度与质量。

七、大数据应用服务系统

（一）建设需求及意义

1．系统建设需求

物流运作过程中会产生大量的数据，特别是全程物流，包括运输、仓储、装卸搬运、配送、物流金融等业务环节，每个环节产生的数据都是海量的。这就需要以物联网、云计算、数据仓库、数据挖掘、地理信息系统、商务智能等先进的技术为支撑，对日常物流活动运作过程中产生的数据进行汇总、分类分析，以挖掘隐藏在数据背后的潜在规律，为企业分析、预测和决策提供必要的支持。

2．系统建设意义

大数据应用服务系统可以实现众多系统的交互和大量信息协调，并可以通过对数据分析和处理来挖掘数据背后的信息，用图表的形式为企业提供深层次的业务分布和运行水平分析，并为平台其他用户提供信息服务。从而帮助企业了解客户的市场策略、供应链运作情况和销售策略，设计有针对性的个性化服务，进而提高服务水平、巩固客户关系、增加客户信赖、提高客户忠诚度和客户黏性。同时，通过对业务运行数据的收集、分析处理，企业可以了解自身业务的运作情况、发展趋势，各类业务的利润水平、增长速度、市场需求量和新的业务需求方向等信息，辅助负责人及时调整发展策略与决策，实现低成本、高效率、优质服务、绿色环保等多元化发展目标。

（二）业务流程分析

大数据应用服务系统主要是根据企业自身业务开展情况，对数据库中相关业务数据进行分类、提取和转换，并将分析结果用可视化图表展示出来。物流企业大数据应用服务系统业务流程，如图4-5所示。

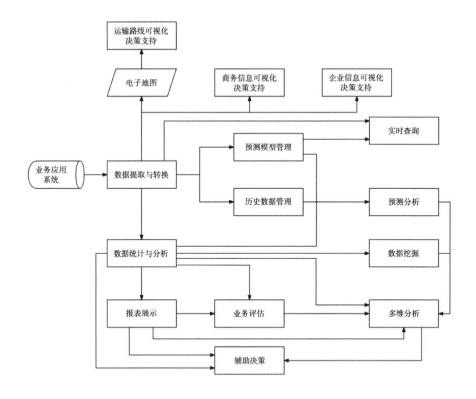

图4-5　物流企业大数据应用服务系统业务流程

（三）系统总体结构及功能描述

物流企业根据实际业务需求，以通过云计算、数据仓库、数据挖掘与地理信息系统等技术实现对各业务系统数据的分类、提取、汇集、整合、共享为目的，设计出大数据应用服务系统，其主要功能是实现对业务的数字化与图形化分析与展示，为管理人员提供报表、业务评估及辅助决策等服务，并为上下游企业提供大数据分析服务。大数据应用服务系统一般包括五个子系统，即数据分类汇总子系统、统计分析子系统、预测分析子系统、运营分析子系统和商务智能子系统。

1．数据分类汇总子系统

数据分类汇总子系统包括物流运输数据分析、物流仓储数据分析、物流配送数据分析和其他相关数据分析四个功能模块。这一子系统主要是对物流业务运作过程中所产生的数据进行分类和初步处理，通过全面梳理物流数据，使纷繁复杂的数据变得有序，为后续的统计分析打下坚实的基础。

2．统计分析子系统

统计分析子系统包括数据计算、报表展示、业务评估三个功能模块。这一子系统的数据来源于数据分类汇总子系统，统计分析子系统先将数据进行汇集、过滤、整理，然后通过数据计算、报表展示与业务评估，实现业务的数字化与图形化分析，并为其他相关业务提供数据基础。

3．预测分析子系统

预测分析子系统包括历史数据管理、预测模型管理、业务预测三个功能模块。这一子系统主要用于历史数据管理、预测模型管理和预测分析，即根据用户相关业务的开展情况和运营数据、结合现代预测方法与技术，以为决策者提供较为可靠的预测分析结果为目的，设计并构建相应的预测分析模型，实现对核心业务、辅助业务与增值业务发展趋势的预测。

4．运营分析子系统

运营分析子系统包括企业信息可视化决策支持、商务信息可视化决策支持、运输路线可视化决策支持、业务运行情况分析与展示四个功能模块。这一子系统主要结合地理信息系统等技术和电子地图实现用户的企业信息可视化，并将分析结果以图表的方式直观展现给用户。

5．商务智能子系统

商务智能子系统包括数据挖掘、即时查询、多维分析、辅助决策四个功能模块。这一子系统主要是通过数据挖掘、实时查询、多维分析及辅助决策等技术和方法，将业务数据转化为具有商业价值的信息，以提高用户对核心业务、辅助业务与增值业务分析的智能化程度。

第五章
供应链管理的相关论述

第一节　供应链与供应链管理概述

一、供应链概述

（一）供应链的定义

供应链，即生产与流通过程中将产品或服务提供给最终用户的上下游企业所形成的网链结构。

在全球竞争加剧的情况下，对供应链的理解不应仅仅是一条简单的从供应商到用户的链，而是一个范围更广的网链结构模式，包含所有加盟的节点企业；供应链不仅是一条连接供应商与用户的物料链、信息链、资金链，还是一条增值链，物料在供应链上因加工、包装、运输等过程而增加价值，给相关企业带来收益。供应链的基本要素如下。

第一，供应链都是以物资为核心的。整个供应链可以看成是一种产品的运作链，产品的运作方式：单一产品的供、产、销；多个产品的集、存、分。

第二，供应链是一种联合体。这种联合包括结构的联合和功能的联合。

第三，供应链都有一个核心企业。核心企业根据其性质可以分为生产企业、流通企业、物流企业。除此之外，核心企业还可以是银行、保险公司、信息企业等，它们能够组织各种各样的非物资形式的供应链系统。

第四，供应链都必然包含上游供应链和下游供应链。

第五，供应链都有一个整体目的或宗旨。

（二）供应链的结构模型

根据供应链的定义，其结构可以简单地归纳为图5-1的模型。

供应链由所有加盟的节点企业组成，其中一般有一个核心企业（可以是产品制造企业，也可以是大型零售企业），节点企业在需求信息的驱动下，通过供应链的职能分工与合作（生产、分销、零售等），以资金流、物流和服务流为媒介实现整个供应链的不断增值。

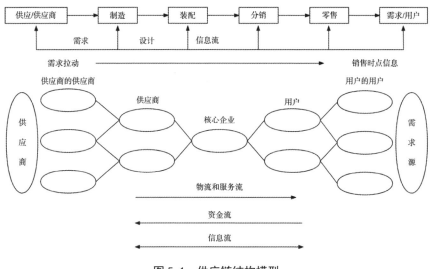

图 5-1　供应链结构模型

（三）供应链的特征

在供应链竞争中，企业处于相互依赖的网络中心，这个网络中的参与者通过优势互补结成联盟，供应链之间的竞争是通过这种网络进行的。因此，为了在供应链竞争中处于领导地位，必须在内部整合的基础上，集中进行供应链的网络管理。供应链时代的网络竞争是建立在高水平的、紧密的战略发展规划基础之上，要求供应链中各合作者必须共同讨论网络的战略目标和实现战略目标的方法及手段，在相互合作中，共同提高绩效以实现双赢。一般来说，供应链具有以下特征。

①复杂性。因为供应链节点企业的组成跨度（层次）不同，供应链往往由有多个类型的企业构成，它们之间的关系错综复杂，关联往来和交易多，所以供应链结构模式较一般单个企业的结构模式更为复杂。

②动态性。为适应企业战略和市场需求的变化，供应链中的节点企业需要动

态地更新和调整，这使供应链具有明显的动态性。

③面向用户需求。供应链的形成、运作、重构都是基于一定的市场需求，用户的需求拉动是供应链中信息流、产品流、服务流、资金流运作的驱动源。

④交叉性。节点企业既可以是这个供应链的成员，也可以是另外一个供应链的成员，因此供应链往往形成交叉结构。

⑤创新性。供应链扩大了原有单个企业的物流渠道，向着物流、商流、信息流、资金流各个方向同时发展，形成了一套相对独立而完整的体系，具有创新性。

⑥风险性。供应链的需求匹配是一个持续性的难题，供应链上的消费需求和生产供应存在着时间差和空间分割。通常在实现产品销售的数周和数月之前，制造商就必须确定生产的款式和数量，这一决策直接影响供应链系统的生产、仓储、配送等功能的容量设定，以及相关成本的构成，但这并不能保证与需求的高度匹配。因此，供应链上供需匹配隐含着巨大的财务风险和供应风险。

此外，供应链的特征还表现在其是增值的和有利可图的，否则就没有存在的必要。所有的生产运营系统都是将一些资源进行转换和组合，以增加适当的价值。

二、供应链管理概述

（一）供应链管理的概念

《中华人民共和国国家标准·物流术语》（GB/T 18354—2021）对供应链管理的定义是："从供应链整体目标出发，对供应链中采购、生产、销售各环节的商流、物流、信息流及资金流进行统一计划、组织、协调、控制的活动和过程。"对于供应链管理的概念，可以从以下几方面来把握。

第一，供应链管理把对成本有影响和在产品满足顾客需求的过程中起作用的每一方都考虑在内，从供应商、制造工厂到仓库和配送中心，再到批发商和零售商以及商店。

第二，供应链管理的目的在于追求效率和整个系统的费用有效性，使系统总成本最小，这个成本包括运输、配送和库存成本。因此，供应链管理的重点不在于简单地使运输成本达到最小或减少库存，而在于用系统方法来进行供应管理。

第三，因为供应链管理把供应商、制造商、分销商（包括批发商和零售商）有效地合为一体，所以它包括许多层次的活动，从战略层次到战术层次再到作业层次等。

（二）供应链管理产生的背景

1. 市场竞争环境的变化

信息社会或网络社会开始影响我们的生活，这必然带来工作和生活方式的改变，其中最主要的就是消费者需求的变化。在短缺经济时代，量的供给不足是主要矛盾，所以企业的管理模式以提高效率、最大限度地从数量上满足用户的需求为主要特征。而随着人们生活水平的提高，个性化需求越来越明显，企业靠一种产品打天下的时代已不复存在，多样化需求对企业管理的影响越来越大，而品种的增加必然会加大管理的难度和对资源获取的难度，企业快速满足用户需求的愿望往往受到资源获取的制约。企业兼顾社会利益的压力越来越大，如环保问题、可持续发展问题等，这使其既要考虑自己的经济利益，又要考虑社会利益，而有时社会利益和企业经济利益是不协调的。

2. 传统管理模式的弊病

传统"纵向一体化"管理模式至少有以下四个弊端。

第一，增加企业的投资负担。

第二，承担丧失市场时机的风险。

第三，有限的资源消耗在众多的经营领域，企业难以形成突出的核心优势。

第四，无法迅速响应对于复杂多变的市场需求。

（三）供应链管理的基本特征

供应链管理的基本特征可归纳为以下几方面。

第一，横向一体化的管理思想。强调每个企业的核心竞争力，为此，要清楚把握本企业的核心业务，狠抓核心资源，以保持核心竞争力。

第二，非核心业务采取外包方式分散给业务伙伴，和业务伙伴结成战略联盟关系。

第三，供应链企业间是一种合作性竞争。合作性竞争可以从两个层面理解，一是与过去的竞争对手结盟，共同开发新技术，成果共享；二是将过去由本企业生产的非核心零部件外包给供应商，双方合作共同参与竞争，这实际上也是核心竞争力的互补效应。

第四，以顾客满意度为目标的服务化管理。对下游企业来讲，供应链上游企业的功能不是简单地提供物料，而是要用最低的成本提供最好的服务。

第五，供应链追求物流、信息流、资金流、工作流和组织流的集成。这几方面在企业日常经营中都会发生，但过去是间歇性或者间断性的，因而影响企业间的协调，最终导致整体竞争力下降；供应链管理则强调将这几方面集成，只有跨企业实现集成化，才能实现供应链企业协调运作的目标。

第六，借助信息技术实现目标管理。

第七，更加关注物流企业的参与。在供应链管理环境下，物流的作用特别重要，缩短物流周期比缩短制造周期更关键。

（四）供应链管理模式

由于纵向一体化管理模式存在种种弊端，从20世纪80年代后期开始，越来越多的企业放弃了这种经营模式，横向一体化管理思想兴起，即利用企业外部资源快速响应市场需求，本企业只抓最核心的东西：产品方向和市场。生产只抓关键零部件的制造，非关键零部件甚至全部委托其他企业加工。

为了使加盟供应链的企业都能受益，并且每个企业都有比竞争对手更强的竞争实力，就必须加强对供应链构成及运作的研究，由此形成了供应链管理这一经营与运作模式。供应链管理强调核心企业与世界上最杰出的企业建立战略合作关系，委托这些企业完成一部分业务工作，自己则集中精力和各种资源，通过重新设计业务流程，做好本企业能创造特殊价值、比竞争对手更擅长的关键性业务，这样不仅能提高本企业的竞争能力，供应链上的其他企业也都能受益。

供应链管理利用现代信息技术，通过改造和集成业务流程，与供应商以及客户建立协同的业务伙伴联盟，开展电子商务，大大提高了企业的竞争力，使企业在复杂的市场环境下能立于不败之地。根据有关资料，供应链管理的实施可使企业总成本下降10%；供应链上的节点企业按时交货率提高15%以上；订货—生产的周期缩短25%~35%；供应链上的节点企业生产率增值10%以上。这些数据说明，供应链企业在不同程度上都取得了发展，其中以"订货—生产的周期缩短"最为明显。能取得这样的成果，得益于供应链企业相互利用对方资源的经营策略。如果制造商从产品开发、生产到销售完全由自己承担，不仅要背负沉重的投资负担，而且要花相当长的时间。采用供应链管理模式，则可以使企业在最短时间里寻找到最好的合作伙伴，用最低的成本、最快的速度、最好的质量赢得市场，受益的不止一家企业，而是一个企业群体。因此，供应链管理模式吸引了越来越多的企业。

（五）供应链管理的作用

供应链管理使相关企业形成了一个有机联系的网络整体。加速产品从生产到消费的过程，缩短了产销周期，使企业可以对市场需求变化做出快速反应，大大增强了供应链企业的市场竞争能力。供应链管理有以下作用。

1．降低库存量

供应链管理可以有效减少成员间的重复工作，剔除流程中的多余步骤，使供应链流程低成本、高效化。此外，通过建立公共的电子数据交换系统，既可以减少因信息交换不充分造成的信息扭曲，又可使成员间实现全流程无缝作业，大大提高工作效率，减少失误。

许多企业长期存在库存的不确定性，并用一定的人力、物力准备来应付不确定性，这种不确定性既存在于物流过程中，也存在于信息流过程中。供应链管理通过对组织内部业务流程的重组，建立战略合作伙伴关系，实现物资通畅，信息共享，从而有效地消除不确定性，减少各环节的库存数量和多余人员。

2．为决策人员提供服务

为决策人员提供的服务主要为：分析供应链中的不确定性因素，确定库存量，制定订货政策，优化投资；评估并选择最有利的方案；分析供应链运行中存在的问题，通过协调提高整体效益。

3．改善企业与企业之间的关系

供应链管理使企业与企业之间的竞争转变为供应链与供应链之间的竞争，它强调核心企业与其上、下游企业之间建立的战略伙伴关系，发挥每一个企业的优势，达到共赢的目的。这一竞争方式将会改变企业的组织结构、管理机制、企业文化以及企业与企业之间的关系。

4．提高服务质量

供应链通过企业内外部之间的协调与合作，大大缩短了产品的生命周期，把适销对路的产品及时送到了消费者手中。供应链管理还使物流服务系列化，在储存、运输、流通加工等服务的基础上，新增了市场调查与预测、配送、物流咨询、教育培训。快速、优质的服务可塑造企业良好的形象，提高消费者的满意度，提高产品的市场占有率。

5．实现供求的良好结合

供应链把供应商、生产商、销售商紧密结合在一起，并对它们进行协调、优化，使企业与企业之间形成和谐的关系，使产品、信息的流通渠道最短，进而可以使消费者的需求信息沿供应链迅速、准确地反馈给销售商、生产商、供应商，而它们据此做出的决策，可保证供求的良好结合。

（六）供应链管理的发展

近年来，供应链管理得到了前所未有的重视，发展十分迅速，根据供应链管理覆盖的范围可将其发展分为三个阶段。

第一个阶段为传统物流管理阶段：集合运输和仓储两大职能。

第二个阶段为现代物流阶段：增加了制造、采购和订货管理三大职能，辅以电子数据交换、世界范围的通信和高性能计算机的应用。

第三个阶段为同步一体化供应链阶段：在原有供应链的两端分别增加了供应商和顾客管理两大职能，供应链成为七大职能的集合体，在整个过程中供应链整合许多职能以实现共同目标，其复杂性大大增加，对此，必须依靠电子数据、电子资金支付、宽频通信和计算机决策支持系统来规划和执行。一体化供应链管理涵盖了信息流、物流和资金流的管理，需要更多职能间的协作，如产品开发、营销和顾客服务。

（七）供应链管理的发展趋势

供应链管理是迄今企业物流发展的最高级形式。虽然供应链管理非常复杂、动态、多变，但众多企业已经在供应链管理的实践中获得了丰富的经验并取得显著的成效。当前供应链管理的发展正呈现出一些明显的趋势。

1．时间与速度

越来越多的公司认识到，时间与速度是影响市场竞争的关键因素。如在IT行业，国内外大多数PC制造商都使用Intel的CPU，因此，如何确保在第一时间内安装Intel最新推出的CPU就成为各PC制造商增强竞争力的首选。在供应链环境下，时间与速度已被看作是提高企业竞争优势的主要来源，一个环节的拖沓往往会影响整个供应链的运转。供应链中的企业通过各种手段实现物流、信息流的紧密连接，以达到对最终客户要求的快速响应、减少存货成本、提高供应链整体竞争水平的目的。

2．质量与资产生产率

供应链管理涉及许多环节，需要环环相扣，并确保每一个环节的质量。比如运输服务的质量，将直接影响供应商备货的数量、分销商仓储的数量，最终影响用户对产品质量、时效性及价格等方面的评价。一方面，越来越多的企业认识到物流质量创新正在演变成一种提高供应链绩效的强大力量；另一方面，制造商越来越关心资产生产率，提高资产生产率不仅仅能减少企业内部的存货，更重要的是能减少供应链渠道中的存货。供应链管理发展的趋势要求企业开展合作与数据共享，以减少在整个供应链中的存货。

3．组织精简

供应链成员的类型及数量是导致供应链管理复杂性的直接原因。在当前趋势下，越来越多的企业开始考虑减少物流供应商的数量，如跨国公司客户更愿意将它们的全球物流供应链外包给少数几家，理想情况下是一家物流供应商。因为这样不仅有利于管理，而且有利于在全球范围内提供统一的标准服务，实现全球供应链管理的整套优势。

4．客户满意度

供应链成员越来越重视客户服务与客户满意度。传统的评价指标以订单交货周期、完整订单的百分比为主，而目前更注重客户对服务水平的评价，客户服务标准转移的结果就是重视与物流公司的关系，并把物流公司作为提供高水平服务的合作者。

三、供应链管理的基本内容

（一）供应链管理的主要领域

供应链管理主要涉及四个领域：供应（Supply）、生产计划（Schedule Plan）、物流（Logistics）、需求（Demand）。由图5-2可见，供应链管理是以同步化、集成化生产计划为指导，以各种技术为支持，尤其以Internet/Intranet为依托，围绕供应、生产、物流、需求实施。供应链管理主要包括计划、合作、控制从供应商到用户的物料和信息。供应链管理的目标在于提高用户服务水平和降低总交易成本，并且寻求两个目标之间的平衡。

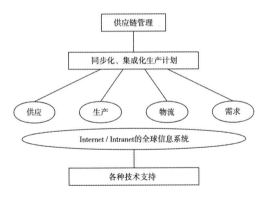

图 5-2　供应链管理涉及的领域

在以上四个领域的基础上，我们可以将供应链管理细分为职能领域和辅助领域。职能领域主要包括产品工程、产品技术保证、采购、生产控制、库存控制、仓储管理、分销管理，而辅助领域主要包括客户服务、设计工程、会计核算、人力资源、市场营销。

由此可见，供应链管理并不仅仅是物料实体在供应链中的流动，而是总的物流成本与用户服务水平之间的关系，因此要把供应链各个职能部门有机地结合在一起，最大限度地发挥供应链整体的作用，达到供应链企业群体获益的目的。

（二）供应链管理的主要内容

一个企业的管理集中于四个方面（或四个流程）：商流（买卖的流通）、物流（物资实物的流通）、信息流（信息、知识的流通）、资金流（货币的流通）。企业供应链管理即运用供应链管理的指导思想对上述四流所进行的规划、组织和控制活动，即对生产过程中的物流、管理过程中的信息流以及决策协调过程中的商流和资金流进行控制与协调，因而供应链管理的主要内容可以归纳为以下几个方面。

1．供应链网络结构设计

供应链网络结构设计即供应链物理布局的设计，具体包括合作伙伴选择、物流系统设计。

2．集成化供应链管理流程设计与重组

集成化供应链管理流程设计与重组具体分为以下几点。

（1）各节点企业内部集成化供应链管理流程设计与重组

其主要包括三大核心作业流程的设计与重组：

①客户需求管理流程，如市场需求预测、营销计划管理、客户关系管理；

②客户订单完成管理流程，如生产计划与生产作业管理、新品研发计划管理、物料采购计划管理、品质管理、运输与配送计划与作业管理、资金管理；

③客户服务管理流程，如产品售前、售中、售后管理，客户退货管理。

（2）外部集成化供应链管理流程设计与重组

包括供应链核心主导企业的客户订单完成管理流程与其原材料供应商、产成品销售商、物流服务提供商等合作伙伴管理流程之间的对接。

（3）供应链交互信息管理

包括市场需求预测信息、库存信息、销售信息、新品研发信息、销售计划与生产计划信息等的交互共享，以及供应链各节点企业间的协同预测、计划与补给的库存管理技术等。

3．供应链管理机制的建设

供应链管理机制的建设包括合作协商机制、信用机制、绩效评价与利益分配机制、激励与约束机制、监督预警与风险防范机制等。

表5-1总结了供应链管理的主要内容和实现技术。

表 5-1　供应链管理的主要内容和实现技术

供应链网络结构设计	集成化供应链管理流程设计与重组	供应链管理机制建设
（1）合作对策与委托代理理论 （2）各种决策评价方法：DEA法、模糊综合评价法、作业成本法（ABC分析法）等 （3）网络结构决策支持系统 （4）仿真模型与最优化技术 （5）启发式算法	（1）BPR（业务流程再造）理论 （2）SCOR（供应链参考运作模型） （3）TOC管理（瓶颈管理、约束管理）理论 （4）JIT、精益制造、零库存管理理论 （5）MRP Ⅱ、ERP、DRP管理信息系统 （6）CAD、CAP、CIM信息系统 （7）SCOR（供应链参考运作模型） （8）BPR（业务流程再造）理论 （9）CRM、SRM、SCM管理信息系统 （10）QR（快速响应）、ECR（有效顾客反映）技术 （11）EDI（电子数据交换）技术 （12）VMI（供应商管理库存）技术 （13）JMI（联合库存管理）技术 （14）CPFR（协同规划、预测与补给）技术 （15）敏捷制造技术	（1）合作信用机制 （2）协商机制 （3）绩效评价与利益分配机制 （4）激励与约束机制 （5）监督与预警机制 （6）风险防范机制

（三）供应链管理实施的基本步骤

1．制定供应链战略实施计划

实施供应链战略首先应该制订可行的计划，这项工作一般分为四个步骤。

第一步，将企业的业务目标同现有能力及业绩进行比较，发现现有供应链的弱点并改善，迅速提高企业的竞争力。

第二步，同关键客户和供应商一起探讨、评估全球化、新技术和竞争局势，建立供应链的远景目标。

第三步，制定从现实到理想供应链目标的行动计划，同时评估企业实现这种目标的现实条件。

第四步，根据优先级安排上述计划，并且提供相应的资源。

根据实施计划，首先，定义长期的供应链结构，使企业在与正确的客户和供应商建立的正确供应链中，处于正确的位置；其次，重组和优化企业内部和外部的产品、信息和资金流；最后，在供应链的库存、运输等环节提高质量和效率。

2．构建供应链

现代供应链的重心已向销售领域倾斜，在市场日益规范、竞争日趋激烈的背景下，建立供应链、推行供应链管理是企业必须采取的对策。企业可以采取如下措施建立供应链。

（1）明确自己在供应链中的定位

供应链由原料供应商、制造商、分销商、零售商及消费者组成。一条富有竞争力的供应链要求各成员都具有较强的竞争力，都应该是专业的。任何企业都不可能包揽供应链的所有环节，它必须根据自己的优势来确定自己的位置，制定相关的发展战略，比如对业务活动进行整合，着重培养业务优势等。

（2）建立物流、配送网络

企业的产品能否通过供应链快速分销到目标市场，取决于供应链上物流、配送网络的健全程度及市场开发状况等，物流、配送网络是供应链存在的基础，一个供应链组建物流、配送网络时应该最大限度地谋求专业化。

（3）广泛采用信息技术

目前，我国少数生产企业处在生产引导消费的阶段，大量的生产企业则处于由消费引导生产的阶段，无论哪种情况，都应该全面收集消费信息。供应链的领导者还应该倡导建立整个供应链管理的信息系统。

3．改造供应链流程

企业供应链流程可从广度和深度两方面考虑，企业供应链流程改造在本质上是使命导向或问题导向，使命导向追求差异化，问题导向追求效率。因此，使命导向改造的重点是关键流程与资源整合，问题导向改造的重点则是流程分析与原因确认。一般企业若遇到新产品导入时效慢、交货准确率差、存货周转率差、产品成本过高等问题，须进行企业流程改造，这属于问题导向，策略导向是以新的做法维持竞争优势。

4．评估供应链管理绩效

供应链管理绩效的评价指标应该基于业务流程的绩效评价指标，能够恰当地反映供应链整体运营状况以及上、下节点企业之间的运营关系，而不是孤独地评价某一企业的运营情况。对于供应商的评估指标应该包括循环期、准时交货、产品质量等，对于制造商的评估指标应该包括循环期、交货可靠性、产品质量等，对于分销商的评估指标应该包括循环期、订单完成情况等。

第二节　供应链物流管理

一、供应链物流管理概述

（一）供应链管理与物流管理的关系

供应链管理与物流管理有着十分密切的关系。供应链管理是由物流管理发展而来的，但是供应链管理已经超出了物流管理的范围。供应链管理的核心是通过供应链上贸易伙伴的密切合作来获得潜在的竞争优势。物流是为满足顾客需求，对从来源点到使用点的货物、服务及相关信息的有效率与有效益的活动和储存进行计划、执行与控制的供应链过程的一部分。可见，物流管理的战略导向是顾客需求，物流是供应链过程的一部分。我们可以从两个方面来理解供应链管理与物流管理的关系。

1．供应链管理是物流管理的延伸

供应链管理要求企业从仅关注优化物流活动，转变为关注优化所有的企业职能，包括需求管理、市场营销和销售、制造、财务和物流，将这些活动集成起来，以实现在产品设计、制造、分销、顾客服务、成本管理以及增值服务等方面的重大突破。鉴于成本控制对企业获利仍很关键，物流绩效将逐渐对整个企业的快速反应能力做出评估。这种内部定位，要求高层管理者将企业的战略计划和组织结构的关注点放在物流职能上。

供应链管理考虑企业外部存在的竞争优势和机会，关注外部集成和跨企业的业务职能，通过重塑它们与它们的代理商、顾客和第三方联盟之间的关系，来寻找生产率提高和竞争能力扩大的空间。信息技术将整个供应链连接在一起，企业将自己和贸易伙伴视为一个扩展企业，从而形成一种创造市场价值的全新方法。

2．供应链管理是物流管理的新战略

供应链管理的运作关注传统的物流运作任务，如加速供应链库存的流动，与贸易伙伴一起优化内部职能，并且提供一种在整个供应链上持续降低成本以提高生产率的机制。然而，供应链管理的关键要素、真正力量在于它的战略。供应链管理能够扩展企业的外部定位和网络能力，能使企业运用共同市场理念，构造变革性的渠道联盟，以寻找产品和服务的重大突破，并且管理复杂的渠道关系能使企业主导市场方向，产生相关的新业务，探索关键性的新机会。

（二）供应链物流管理的概念

供应链物流管理是以物流为控制对象的供应链管理。它致力于将企业生产经营中的所有物流活动组成一个完整的供应链，实行一体化管理。完整的供应链管理包括整个供应链的商流、资金流和信息流等的管理，物流管理只是供应链管理的一个方面。就目前而言，供应链管理应用最多也最为成功的领域是物流，即供应链物流管理。

从物流系统的角度看，供应链物流管理是将供应链中的上下游企业作为一个整体，通过相互合作、信息共享，实现库存的合理配置，提高物流的快速反应能力，降低物流成本的一种物流管理方式。简言之，供应链物流管理就是运用供应链管理思想对供应链物流活动进行计划、组织、协调和控制。

供应链物流管理强调供应链成员组织不是孤立地优化自身的物流活动，而是通过协作、协调与协商提高供应链物流的整体效率。供应链物流管理注重总的物流成本与客户服务水平之间的关系，利用系统理论和集成思想，把供应链成员的各个职能部门有机地结合在一起，最大限度地发挥出供应链的整体优势。在供应链物流管理中，由于涉及的企业和环节较多，所以它比单个企业的物流管理更复杂，操作难度更大。但是，它能带来的效益却不是各企业单独管理所能比拟的。正是因为供应链物流管理具有高度复杂性，所以在实践中，供应链成员需要积极参与，密切配合，如此方能创造出供应链物流管理应有的效益。

（三）供应链物流管理的目标

供应链物流管理的目标是通过调和总成本最小化、客户服务最优化、总库存最小化、总周期最短化以及物流质量最优化等目标之间的冲突，实现供应链绩效最大化。此处以总成本最小化、客户服务最优化、总周期最短化为例进行说明。

1. 总成本最小化

众所周知，采购成本、运输成本、库存成本、制造成本以及供应链物流的其他成本费用都是相互联系的。因此，为了实现有效的供应链物流管理，必须将供应链各成员企业作为一个有机整体来考虑，并使供应物流、制造物流与分销物流之间达到平衡。所以，总成本最小化目标并不是指运输费用或库存成本，或其他任何供应链物流运作与管理活动的成本最小，而是整个供应链物流运作与管理的成本的最小化。

2. 客户服务最优化

为整个供应链的有效运作提供高水平的服务是供应链物流的本质。由于物流服务水平与成本费用之间存在二律背反关系，要建立一个效率高、效果好的供应链物流网络结构系统，就必须考虑总成本费用与客户服务水平的平衡。供应链物流管理以最终客户为中心，客户的满意度是供应链赖以生存与发展的关键前提。因此，供应链物流管理的主要目标就是以最低的总成本费用实现整个供应链客户服务的最优化。

3. 总周期最短化

在当今的市场竞争中，时间已成为竞争成功最重要的要素之一。当今的市场竞争不再是单个企业之间的竞争，而是供应链与供应链之间的竞争。从某种意义上说，供应链之间的竞争实质上是时间的竞争，最大限度地缩短从客户发出订单到交货的整个供应链物流的周期，是供应链物流管理的重要目标之一。

（四）供应链物流管理的特点

1．供应链物流的起点：客户物流

由于整个供应链都是由客户需求拉动的，所以客户的采购物流是供应链物流的起点，整个供应链物流管理要以满足客户物流需求为核心，主动积极地为客户提供增值物流服务。

2．供应链物流的协调与管理中心：核心企业

供应链是基于核心企业的利益共同体，虽然各成员企业都具有独立法人资格，相互之间没有行政上的隶属关系，但整个供应链体系是靠核心企业驱动的。同样，对供应链物流而言，核心企业要发挥调度与管理中心的作用，负责对从供应商到核心企业的供应物流，到核心企业的内部物流，再到分销商与最终客户的分销物流进行的总体协调与控制，确保供应链物流总成本最小化。

3．供应链物流管理的利润源：企业接口物流

在实行供应链管理之前，供应商与制造商、制造商与分销商、分销商与客户等关联企业之间的接口往往存在管理"真空"，存在大量的物流延迟、重复作业和冗余库存等。通过供应链物流管理，成员企业之间实现了全流程的无缝作业，能大幅提高接口工作效率，有效减少物流重复、浪费与失误。

4．供应链物流管理实现的基础前提：现代信息与网络技术

网络的普及和运用，为供应链物流的信息共享与信息交互提供了基础平台；电子数据交换技术、企业资源计划、客户关系管理的不断完善与广泛应用，为供应链物流管理提供了技术保障。

5．供应链物流管理实现的理论保证：现代管理思想与方法

业务流程重构能够消除各职能部门以及供应链成员企业的自我保护主义，实现供应链物流组织的集成与优化；准时制管理、快速反应、有效客户反应、全面质量管理等管理思想与技术方法的综合运用，为实现供应链物流管理方法的集成提供了可能；资源整体优化配置，有效地运用价值链激励机制，寻求非增值活动及相应结构的最小化，能够实现供应链物流管理效益的优化与集成。

二、供应链物流管理的方法

（一）供应商管理库存策略

供应商管理库存（Vendor Managed Inventory，VMI）策略是于20世纪80年代

末出现的一种新型的供需双方之间的合作性策略，打破了传统各自为政的库存管理模式，在降低供应链总库存成本的同时提高了客户服务水平。VMI策略充分体现了供应链的集成化管理思想，适应了市场变化的要求，是一种新的、有代表性的供应链管理环境下的库存管理思想。

VMI策略的主要思想是供应商在用户的允许下设立库存，确定库存水平和补给策略，并拥有对库存的控制权和决策权。精心设计的VMI系统，不仅可以降低供应链的库存水平，降低成本，用户还可以获得高水平的服务，改进资金流，与供应商共享需求变化的透明性，并获得更多用户的信任。

1. VMI策略的核心原则

（1）合作精神（合作性原则）

在实施该策略时，相互信任与信息透明是很重要的，供应商和用户（零售商）都有较好的合作精神，才能够保持较好的合作。

（2）使双方成本最小（互惠原则）

VMI策略解决的不是关于成本如何分配或谁来支付的问题，而是如何减少成本的问题。该策略可使双方的成本都最小化。

（3）框架协议（目标一致性原则）

双方都明白各自的责任，在观念上达成一致的目标。双方要回答的问题很多，例如，库存放在哪里、什么时候支付、是否需要管理费、要花费多少等，这些问题都需要体现在框架协议中。

（4）总体优化原则

供需双方需要共同努力，消除浪费并共享收益。

2. VMI策略的实施方法

要实施VMI策略，就要改变订单的处理方式，建立基于标准的托付订单处理模式。首先，供应商和批发商（分销商）要一起确定供应商订单业务处理过程所需要的信息和库存控制参数，然后建立一种订单的标准处理模式，如电子数据交换报文标准，最后把订货、交货和票据处理的各个业务功能集成在供应商一方。

库存状态透明度（对供应商而言）是实施VMI策略的关键。它使供应商能够随时跟踪和检查销售商的库存状态，从而快速响应市场的需求变化，对企业的生产（供应）状态进行调整。为此，需要使用一种能够使供应商和批发商（分销商）的库存信息系统透明连接的方法。

VMI策略的实施可分为以下几个步骤。

第一步，建立客户情报信息系统。供应商想要有效地管理销售库存，就必须能够获得客户的有关信息。供应商通过建立客户信息库来掌握需求变化的情况，把零售商/制造商的需求预测和分析功能集成到供应商的系统中来。

第二步，建立销售网络系统。供应商要很好地管理库存，就必须建立起完善的销售网络管理体系，保证自己的产品需求信息和物流畅通。为此，供应商必须做到：①保证自己产品条码的可读性和唯一性；②解决产品分类、编码的标准化问题；③解决商品存储运输过程中的识别问题。

第三步，建立供应商和零售商的合作框架协议。供应商和零售商通过协商，一起确定订单处理的业务流程以及库存控制的有关参数（如再订货点、最低库存水平等）、库存信息的传递方式等。

第四步，组织机构的变革。VMI策略改变了供应商的组织模式。过去一般由会计经理处理与客户有关的事情，引入VMI策略后，订货部门拥有了一个新的职能——负责用户库存的控制、库存补给和服务水平。

一般来说，适合实施VMI策略的情况有：零售商或批发商没有IT系统或基础设施来有效管理他们的库存；制造商实力雄厚，并且比零售商市场信息量大；有较高的直接存储交货水平，制造商能够有效的规划运输。

（二）联合库存管理模式

VMI策略是一种供应链集成化运作的决策代理模式，它把客户的库存的控制权和决策权交给供应商，当然，供应商也要承担更大的责任和风险，这与供应链管理的双赢原则还略有差距。因此，联合库存管理（Jointly Managed Inventory，JMI）模式应运而生。它更强调风险分担、计划协同、共同管理，它由供需双方根据协议共享信息并且共同监督需求和供应流程，体现了供应链企业之间互惠互利和合作共赢的关系。简单来说，它是对VMI策略的优化。

JMI模式是一种在VMI策略的基础上发展起来的上游企业和下游企业权利责任平衡和风险共担的库存管理模式。JMI模式强调供应链中各个节点企业同时参与，共同制定库存计划，使供应链中的每个库存管理（供应商、制造商、分销商）都从协调性考虑，对需求的预期保持一致，从而消除需求变异放大现象。任何相邻节点需求的确定都是供需双方协调的结果，库存管理不再是各自为政的独立运作过程，而是供需连接的纽带和协调中心。JMI模式的实施包括以下几个方面的内容。

1. 建立供需协调管理机制

为了发挥JMI模式的作用，供需双方应基于合作的精神，建立供需协调管理的机制，明确各自的目标和责任，建立合作沟通的渠道，为供应链的JMI模式提供有效的机制。没有一个协调的管理机制，就不可能实施有效的JMI模式。建立供需协调管理机制，要从以下几个方面着手。

（1）建立共同合作目标

要实施JMI模式，首先供需双方必须遵循互惠互利的原则，建立共同的目标。为此，供需双方要理解双方在市场目标中的共同之处和冲突点，通过协商形成共同的目标，如用户满意度、利润的共同增长和风险的减少等。

（2）建立联合库存的协调控制方法

联合库存管理中心扮演着协调供需双方利益的角色，起协调控制器的作用，因此需要对库存优化的方法进行明确。这些内容包括库存如何在多个供应商之间调节与分配，库存的最大量和最低库存水平、安全库存的确定、需求的预测等。

（3）建立一种信息沟通的渠道或系统

信息共享是供应链管理的特色之一。为了提高供应链的需求信息的一致性和稳定性，减少由于多重预测导致的需求信息扭曲，应增强供应链各方对需求信息获得的及时性和透明性。为此，应建立一种信息沟通的渠道或系统，以保证需求信息在供应链中的畅通和准确。要将条形码技术、扫描技术、零售管理系统和电子数据交换系统集成起来，并且要充分利用互联网的优势，在供需之间建立一个畅通的信息沟通渠道。

（4）建立利益分配和激励机制

要有效运行基于协调中心的库存管理，就必须建立一种公平的利益分配制度，并对参与协调库存管理中心的各个企业（供应商、制造商或批发商）进行有效的激励，防止机会主义行为，增加协作性和协调性。

2. 发挥两种资源计划系统的作用

为了发挥JMI模式的作用，在供应链库存管理中，应充分利用目前比较成熟的两种资源管理系统：制造资源计划和配送需求计划（Distribution Requirement Planning，DRP）。可以在原材料联合库存协调管理中心应用制造资源计划，而在产销联合库存协调管理中心应用配送需求计划，把两种资源计划系统很好地结合起来。

3．建立快速反应系统

快速反应系统在美国等西方国家的供应链管理中被认为是一种有效的管理策略，经历了三个发展阶段。一是商品条码化，通过对商品的标准化识别处理加快订单的传输速度；二是内部业务处理自动化，采用自动补库与电子数据交换系统，提高业务自动化水平；三是采用更有效的企业间合作，消除供应链组织之间的障碍，提高供应链的整体效率，如通过供需双方合作确定库存水平和销售策略等。

目前，在美国等西方国家，快速反应系统的应用已处于比较高级的阶段，人们通过合作计划、预测与补货等策略进行有效的用户需求反应。快速反应系统需要供需双方的密切合作，而协调库存管理中心的建立可以为快速反应系统发挥更大的作用创造有利的条件。

4．发挥第三方物流企业的作用

第三方物流企业是供应链集成的一种技术手段，它为用户提供各种物流方面的增值服务，如产品运输、订单选择、库存管理等。有一种第三方物流企业是由公共仓储公司通过提供更多的附加服务演变而来的，还有一种第三方物流企业是由制造企业的运输和分销部门演变而来的。

把JMI模式的部分功能交给第三方物流系统来管理，可以使企业集中精力于自己的核心业务，第三方物流企业在供应商和用户之间起着桥梁的作用。

（三）快速反应策略

快速反应策略是在20世纪80年代末从美国服装行业发展起来的一种供应链管理策略，目的在于减少供应链中从原材料到用户的时间和库存，最大限度地提高供应链的运作效率。

快速反应策略是指供应链成员企业通过建立战略合作伙伴关系，利用电子数据交换技术等，进行销售时点以及订货补充等经营信息的交换，用多频次、小批量配送方式连续补充商品，以实现缩短交货周期、减少库存、提高顾客服务水平和企业竞争力的目的。快速反应策略的实施步骤如下。

1．采用条形码和EDI技术

零售商首先必须安装条形码、POS扫描和电子数据交换等技术设备，以加快POS机收款速度，获得更准确的销售数据并使信息沟通更加流畅。

2．自动补货

自动补货是指基本商品销售预测的自动化，要求供应商更快更频繁地运输重新订购的商品，以保证店铺不缺货，从而提高销售额。自动补货使用过去和目前的销售数据对其可能的趋势进行预测，以确定订货量，并由供应商主动向零售商供货。在自动补货系统中，供应商通过与零售商缔结战略合作伙伴关系，共享信息，从而自动跟踪补充各个销售点的货源，提高供应商供货的灵活性和预见性。

3．先进的补货联盟

成立先进的补货联盟是为了保证补货业务的流畅。零售商和消费品制造商可以联合起来检查销售数据，制订关于未来需求的计划，在保证有货和减少缺货的情况下降低库存水平。还可以进一步由消费品制造商管理零售商的存货和补货，以加快库存周转速度，提高投资毛利率。

4．零售空间管理

零售空间管理是指根据每个店铺的需求模式来规定其经营商品的花色品种和补货业务。一般来说，消费品制造商也可以参与对于花色品种、数量、店内陈列及培训或激励售货员等的决策。

5．联合产品开发

这一步的重点不再是一般商品和季节性商品，而是像服装等生命周期很短的商品。厂商和零售商联合开发新产品，能缩短从新产品设计到新产品上市的时间，而且零售商可以经常在店内对新产品进行试销。

6．快速反应的集成

通过重新设计业务流程，我们将前五个步骤和公司的整体业务集成起来，以支持公司的整体战略。这一步要求零售商和消费品制造商重新设计整个业绩评估系统、业务流程和信息系统，设计的中心围绕着消费者而不是传统的公司职能，这就需要集成的信息技术。原来属于各企业内部事务的计划工作（如生产计划、库存计划、配送计划、销售规划等）现在也需要供应链各企业共同参与。

（四）有效客户反应策略

有效客户反应策略是20世纪90年代初在美国杂货行业发展起来的一种供应链管理策略。有效客户反应策略是指供应链上各个企业以业务伙伴的方式紧密合作，了解消费者需求，建立以消费者需求为基础、具有快速反应能力的系统。有效客户反应策略以提高消费者价值、提高整个供应链的运作效率、降低整个系统的成本为目标，最终提高企业竞争能力。其最终目标是零售商和供应商组成联盟，一起为消费者最大的满意度以及最低成本而努力，建立一个敏捷的消费者驱动的系统，实现精确的信息流和高效的实物流在整个供应链内的有序流动。因此，有效客户反应策略的实施重点包括需求面的品类管理改善、供给面的物流配送方式改进等。有效客户反应策略的基础架构涉及三大领域：供应面管理、需求面管理、使有效客户反应策略付诸实践的标准工具及整合力的应用。

（五）协同计划、预测与补货模式

协同计划、预测与补货（Collaborative Planning，Forecasting And Replenishment，CPFR）模式是1995年由沃尔玛主导和提出的供应链管理的一种新模式。Cpfr模式是在联合预测和补货（Collaborative Forecast And Replenishment，CFAR）模式的基础上，进一步推动共同计划的制定，即合作企业实行共同预测和补货，同时原来属于各企业内部事务的计划工作（如生产计划、库存计划、配送计划、销售规划等）也由供应链各企业共同参与。CFAR是利用互联网，通过零售企业与生产企业的合作，共同做出商品预测，并在此基础上实行连续补货的系统。

CPFR模式的本质特点表现为以下几点。

1．协同

从CPFR模式的基本思想看，供应链上下游企业只有确立起共同的目标，才能使双方的绩效都得到提升，取得综合性的效益。CPFR模式的新型的合作关系要求双方承诺长期公开沟通、信息分享，从而确立其协同性的经营战略，尽管这种战略的实施必须建立在信任和承诺的基础上，但这是买卖双方获得长远发展和良好绩效的唯一途径。正因如此，协同的第一步就是保密协议的签署、纠纷机制的建立、供应链计分卡的确立以及共同激励目标的形成（例如，共同激励目标不仅包括销量，而且包括双方的盈利率）。应当注意的是，在确立这种协同性目标时，不仅要建立起双方的效益目标，而且要确立协同的盈利驱动性目标，只有这样，才能使协同性能体现在流程控制和价值创造的基础之上。

2．计划

沃尔玛与制药公司华纳-兰伯特（Warner-Lambert）之间的CFAR模式为消费品行业推动双赢的供应链管理奠定了基础。此后，当美国产业共同商务标准协会定义项目公共标准时，认为需要在已有的结构上增加"P"，即合作规划（品类、品牌、分类、关键品种等）以及合作财务（销量、订单满足率、定价、库存、安全库存、毛利等）。此外，为了实现共同的目标，还需要双方协同制定促销计划、库存政策变化计划、产品导入和终止计划，以及仓储分类计划。

3．预测

任何一个企业或买卖双方都能做出预测，但是CPFR模式强调买卖双方必须做出最终的协同预测，像季节因素和趋势管理信息等，无论是对服装或相关品类的供应方还是对销售方，都是十分重要的，基于这类信息的共同预测能大幅减少整个价值链体系的低效率、死库存问题，促进产品销售，节约整个供应链的资源。与此同时，最终实现协同促销计划是实现预测精度提高的关键。CPFR模式所推动的协同预测还有一个特点，即它不仅关注供应链双方共同做出的最终预测，而且强调双方都应参与预测反馈信息的处理和预测模型的制定和修正，特别是如何处理预测数据的波动等问题，只有把数据集成、预测和处理的所有方面都考虑清楚，才有可能真正实现共同的目标，使协同预测落在实处。

4．补货

做销售预测时，必须将时间序列预测和需求规划预测转化为订单预测，并且制定供应方约束条件，如订单处理周期、前置时间、订单最小量、商品单元以及零售方长期形成的购买习惯等，这些都需要供应链双方协商解决。根据美国产业共同商务标准协会提出的CPFR模式指导原则，协同运输计划也被认为是补货的主要因素。此外，也需要将例外状况纳入考量范围。所有这些都需要在双方公认的计分卡基础上定期协同审核。对于潜在的分歧，如基本供应量、过度承诺等，双方事先应及时加以解决。

第三节　供应链物流管理与现代物流管理

一、供应链物流管理与现代物流管理的关系

从管理目标的角度来看，现代物流管理是指为了满足顾客需要所发生的从生

产地到销售地的产品、服务和信息的流动过程，以及为使保管能有效、低成本进行而从事的计划、实施和控制行为。而供应链物流管理则是在提供产品、服务和信息的过程中，对终点用户到原始供应商之间的关键商业流程进行集成，从而为客户和其他所有流程参与者增值。由此可见，物流管理与供应链物流管理在为顾客服务的目标上是一致的。

尽管二者的管理目标是一致的，但并不能代表其工作性质也是相同的。供应链工作的性质突出了处理和协调供应商、制造商、分销商、零售商，直到最终用户间存在的各种关系，而物流工作的性质则是具有一定物流生产技能的物流工作者，运用物流设施、物流机械等劳动手段，作用于物流对象的生产活动。

从管理内容的角度来看，物流管理的内容包括物流活动以及与物流活动直接相关的其他活动，它包括了从原材料供应到产品销售的全部物流活动。而供应链物流管理所涉及的内容要庞大得多。供应链物流管理是通过前馈的信息流和反馈的物料流及信息流，将供应商、制造商、分销商、零售商直到最终用户连成一个整体。供应链物流管理既包括商流、信息流、资金流、增值流的管理，也包括物流的管理。由此可见，物流管理属于供应链物流管理的一部分。

与此同时，物流管理与供应链物流管理之间还存在着其他内容，比如物流中还包括城市物流、区域物流和国际物流等，而这些在供应链物流管理中显然是不作为研究对象的。当然，供应链研究中涉及的产品设计与制造管理、生产集成化计划的跟踪与控制以及企业之间的资金流管理等，也同样不是物流管理的研究对象。即使将管理的范围限定在企业管理上，物流管理和供应链物流管理的内容也存在着明显的不同。供应链物流管理是企业的生产和营销组织方式，而物流管理则为企业的生产和营销提供完整的物流服务活动。物流服务所表现的第二性特征在任何时候、任何场合、任何状态下都是不会改变的。

从管理手段的角度来看，供应链物流管理是基于因特网的供应链交互信息管理，这是以电子商务为基础的运作方式。商流、信息流、资金流在电子工具和网络通信技术的支持下，可以通过网上传输轻松实现。而物流即物质资料的空间位移，具体的运输、储存、装卸、配送等活动是不可能直接通过网上传输的方式来完成的。虽然现代物流离不开物流管理信息，也要使用因特网技术，但是因特网显然不构成物流管理的必要手段。也就是说，物流在非因特网技术条件下，也一样能够运行。

二、现代物流管理在供应链物流管理中的地位

供应链作为一个有机的网络化组织，旨在于统一的战略指导下提高效率和增强整体竞争力。物流管理将供应链物流管理下的物流进行科学的组织和计划，使物流活动在供应链各环节之间快速形成物流关系和确定物流方向，通过网络技术将物流关系的相关信息同时传递给供应链各个环节，并在物流实施过程中对其进行协调与控制，为供应链各环节提供实时信息，实现物流运作的低成本、高效率的增值过程管理。其中，物流计划的科学性既是物流成功的第一步，也是关键的一步；物流的实施过程管理是对物流运作的实时控制以及对物流计划的实时调整，是对物流活动进程的掌握，有利于供应链各环节了解物品物流动向，协调相应的各部门的计划；适时的协调与控制是对已进行的物流进行分析总结，总结成功的经验和寻求存在问题的原因，为改进物流的管理提供经验与借鉴，同时也是第三方物流企业进行经营核算管理的重要环节。

三、供应链物流管理体系下物流管理的特点

1. 快捷性

通过快捷的交通运输以及科学的物流事前管理和事中管理来实现快捷的物流。在供应链物流管理中，快捷的物流是供应链的基本要求，是保证高效的供应链的基础。

2. 信息共享

和传统的纵向一体化物流模型相比，供应链一体化的物流信息的流量大大增加。需求信息和反馈信息不是逐级传递，而是网络式的，企业通过因特网可以很快地掌握供应链上不同环节的供求信息和市场信息，达到信息共享和协调一致。共享信息的增加和先进技术的应用，使供应链上任何节点的企业都能及时地了解到市场的需求信息和整个供应链的运行情况，每个环节的物流信息都能透明地与其他环节进行交流与共享，从而避免了需求信息的失真现象。

3. 多样性

在供应链物流管理中，物流的多样性体现在物流形式的多样性和物流物品的多样性上。物流形式的多样性主要是指物流运输方式、托盘等的多样性。

4. 人性化

物流是根据用户的要求，以多样化产品、可靠的质量来实现对客户的亲和式

服务。在供应链物流管理中，物流既需要科学的方法进行管理，又要实时适应客户的需求变化，体现人性化需求的特点。

现代市场环境的变化，要求企业加快资金周转速度、快速传递与反馈市场信息、不断沟通生产与消费的联系、提供低成本的优质产品，生产出满足顾客需求的产品，提高用户满意度。因此，只有建立敏捷而高效的供应链物流系统才能达到提高企业竞争力的要求。供应链物流管理将成为21世纪企业的核心竞争力，而物流管理又将成为供应链物流管理的核心能力的主要构成部分。

参考文献

［1］陈栋. 物流与供应链管理智慧化发展探索［M］. 长春：吉林科学技术出版社，2021.

［2］陈杰. 智能物流与大数据［M］. 杭州：浙江大学出版社，2021.

［3］杜娟，范瑾. 现代物流管理［M］. 武汉：华中科学技术大学出版社，2023.

［4］胡俊华. 物流与供应链管理［M］. 上海：上海财经大学出版社，2024.

［5］贾圣强. 智慧化物流管理和物流经济［M］. 北京：中国纺织出版社，2024.

［6］李嘉林，郭永丽，赵永林. 现代物流企业管理模式创新策略研究与实践［M］. 长春：吉林出版集团股份有限公司，2023.

［7］李建媛. 物流与供应链管理应用研究［M］. 长春：吉林人民出版社，2023.

［8］李娜. 绿色物流与可持续发展［M］. 重庆：重庆大学出版社，2021.

［9］李强. 供应链管理与物流技术［M］. 上海：复旦大学出版社，2022.

［10］李伟. 现代物流管理［M］. 北京：机械工业出版社，2021.

［11］刘丽. 绿色物流与可持续发展［M］. 南京：南京大学出版社，2023.

［12］刘涛. 现代物流技术与应用［M］. 南京：东南大学出版社，2022.

［13］刘晓燕. 电子商务与现代物流的协同发展研究［M］. 北京：北京工业大学出版社，2023.

［14］毛云舸. 物联网技术下物流管理的发展探究［M］. 长春：吉林大学出版社，2023.

［15］彭扬，骆丽红，陈金叶. 现代物流学概论［M］. 北京：北京理工大学出版社，2022.

［16］任志，张玉玺，胡慧慧. 现代物流信息化实施与应用研究［M］. 长

春：吉林人民出版社，2023.

［17］沈王仙子.智慧物流与供应链管理研究［M］.北京：中国商业出版社，2022.

［18］王芳.大数据时代的智慧物流与管理［M］.北京：北京工业大学出版社，2023.

［19］王强.智能化物流系统［M］.上海：上海交通大学出版社，2022.

［20］王勇.现代物流管理［M］.北京：机械工业出版社，2021.

［21］吴浩.国际物流管理［M］.北京：对外经济贸易大学出版社，2021.

［22］谢海燕.信息化时代物流供应链研究［M］.长春：吉林出版集团股份有限公司，2024.

［23］尹志洪.现代物流产业模式与创新研究［M］.长春：吉林科学技术出版社，2023.

［24］尤妙娜.供应链物流管理［M］.北京：企业管理出版社，2022.

［25］张华.供应链管理与优化［M］.广州：华南理工大学出版社，2021.

［26］张敏.物流信息系统［M］.广州：华南理工大学出版社，2020.

［27］赵磊.电子商务与物流管理［M］.西安：西安电子科技大学出版社，2020.

［28］周兴建.智慧物流发展机制、路径与战略［M］.北京：中国财富出版社，2024.